Klaus Bädekerl:
Alles über Geld und Liebe
Erzählungen

Deutscher
Taschenbuch
Verlag

dtv

Ungekürzte Ausgabe
August 1982
Deutscher Taschenbuch Verlag GmbH & Co. KG,
München

ISBN 3-492-02474-2
Umschlaggestaltung: Celestino Piatti
Gesamtherstellung: C. H. Beck'sche Buchdruckerei,
Nördlingen
Printed in Germany · ISBN 3-423-10007-9

Das Buch

Daß sich eine Studentin durch nebenamtliche Liebesdienste das karge Stipendium aufbessert und Universitätsdozenten in ihren Mußestunden erotische Abenteuer suchen, soll ja gelegentlich vorkommen. Peinlich wird es, wenn sich die beiden unverhofft wiederbegegnen. Im Seminar über Probleme der Frauenbewegung zum Beispiel ... Klaus Bädekerls an amerikanischen Vorbildern geschulte Satiren und Kurzgeschichten aus der Szene der Dealer und Fixer, der politischen Randgruppen und der Kulturschickeria lesen sich »ausgesprochen spannend. Sie ... sind sachlich und cool, oft mit Witz und Ironie durchsetzt. Eine Wohltat ...«, schrieb Thomas B. Schumann im ›Mannheimer Morgen‹.

Der Autor

Klaus Bädekerl, geboren 1947 in Augsburg, studierte in München Soziologie. Filmkritiker bei der ›Süddeutschen Zeitung‹ und der ›Filmkritik‹. Drehbuchautor (u. a. zusammen mit H. W. Geißendörfer ›Die gläserne Zelle‹ nach einem Roman von Patricia Highsmith); lebt in München.

Inhalt

Es muß im Leben
mehr als alles geben.

Maurice Sendak

Because the Night Belongs to Lovers

1

Am 9. Februar 1979 öffnete Herr Watzl, Angestellter des Schlüsseldienstes FIX, im Beisein des Gerichtsvollziehers Seyfried gewaltsam eine Apartmenttür. Die Miete war seit zwei Monaten nicht mehr bezahlt worden. Die Herren Watzl und Seyfried betraten den kleinen Flur, als ihnen jener eigentümliche Geruch in die Nase stieg, der in Polizeiberichten als süßlich beschrieben wird. Die Wohnung machte einen außergewöhnlich verwahrlosten Eindruck. Auf einer Schlafcouch mit beflecktem Laken lag die schon in Verwesung übergegangene Leiche eines jungen Mädchens, das später als Astrid Gohrmühle identifiziert werden sollte. Neben ihr lag ein junger Mann, der noch zu atmen schien. Wie sich später herausstellte, war es der 29jährige Gerald Serner. Der von den Polizeibeamten herbeigerufene Gerichtsarzt vermutete beim Anblick des bis zum Skelett abgemagerten Körpers, daß Gerald Serner seit wenigstens vier Wochen keine Nahrung mehr zu sich genommen habe. Und ebensolang dürfe nach aller Erfahrung auch Astrid Gohrmühle nicht mehr am Leben sein.

2

Es war März, vor fast einem Jahr, als Gerald, der Gerry genannt wurde, kurz bei Holger vorbeischauen wollte. Sie hatten fünf Kilo vereinbart. Es ging nur noch darum, den Deal perfekt zu machen. Ein Mädchen öffnete die Tür. »Holger ist nicht da.«
»Wann kommt er?« fragte Gerry.

Das Mädchen zuckte die Achseln. »Bist du der Gerry?«
Gerry nickte.
»Dann komm rein.«
Gerry folgte dem Mädchen. Er kannte die Wohnung. Holger und er machten schon seit langem Geschäfte. Das Mädchen setzte sich auf den Boden. Es warf einen flüchtigen Blick über ein paar Tarotkarten, die es vor sich ausgebreitet hatte, und fragte Gerry: »Soll ich dir die Karten legen?«
Gerry blieb stehen und schüttelte den Kopf. »Wann kommt Holger zurück?«
»Er ist nach Bad Tölz gefahren. Zum Eishockey. Aber er hat was für dich dagelassen.« Das Mädchen stand auf. Es suchte zwischen dem Geschirr auf dem Tisch, dann in einer Schublade und auf dem Boden, bis es bei den Zeitschriften neben dem Fernseher ein Kuvert fand und es Gerry überreichte. Der Umschlag war verschlossen. Gerry öffnete ihn mit dem Zeigefinger und nahm einen Zettel heraus. Es stand nicht viel darauf, nur eine Reihe von Zahlen. 29.3.17.45. Am 29. März also um dreiviertelsechs.
Allein darauf kam es Gerry an. Der Übergabeort war immer der gleiche: der Parkplatz einer am Stadtrand gelegenen Großmarkthalle. In der Regel war es die 17. Reihe, denn dort, weit entfernt vom Haupteingang, hatte man niemals Mühe, die Autos nebeneinander zu parken. Niemand beachtete Holger und Gerry, die sich nur kurz gegenüberstanden. Beide hatten sie eine Plastiktüte der besagten Großmarktfirma in der Hand. Die Tüten wechselten rasch den Besitzer. Die eine wog immer ein paar Kilo. In der Regel war es Libanese. Die andere enthielt nur ein mit einem Gummiring zusammengehaltenes Bündel Geldscheine, die vereinbarte Anzahlung von 50 Prozent. Bei fünf Kilo machte das zur Zeit genau 5250 Mark.

Gerry steckte den Zettel ein. Er wollte gerade wieder gehen, als das Mädchen die Karten neu mischte.
»Willst du was rauchen?«
Warum sollte Gerry nein sagen? Er hatte nichts Bestimmtes vor. Und außerdem gefiel ihm das Mädchen. Es war noch keine zwanzig und trug nichts außer einem viel zu weiten Herrenhemd und vielleicht noch einen Slip. Gerry war nicht neugierig. Nach weiblichen Dessous zu spähen, empfand er als ausgesprochen uncool.
»Ich bin die Astrid«, sagte das Mädchen und warf Gerry einen Brocken zu. Gerry setzte sich. Es war kolumbianisches Gras. Gerry bröselte es auf. Er präparierte die Papers und wollte noch den Tabak einer zweiten Zigarette dazumischen, als Astrid sagte: »Sei nicht so kleinlich.« Es war gutes Gras, das wußte Gerry schon beim ersten Zug. Er gab den Joint an Astrid weiter. Sie legte die Karten weg und rauchte und gab ihn schließlich wieder zurück. »Soll ich dir wirklich nicht die Karten legen?«
Gerry schüttelte den Kopf. »Ich mach mir nichts draus.«
»Hab ich auch mal gesagt.« Astrid lächelte. »Am Anfang macht sich keiner was draus. Das kommt mit der Zeit.«
Dann klingelte das Telefon. Es war eine Freundin von Astrid. Gerry bekam von dem Gespräch nicht viel mit. Der Joint war geraucht. Gerry war ganz schön drauf abgefahren und fühlte sich langsam fehl am Platz. Das Telefonat nahm kein Ende. Wie lange wollte er hier noch sitzenbleiben und Astrid auf die wunderschönen Schenkel starren? Gerry stand auf und winkte zum Abschied mit einer etwas verkrüppelten Geste, die Astrid ohnehin übersah.
Als Gerry das Haus verließ, fragte er sich doch, ob sie unten nun was angehabt hatte oder nicht.

3

Am 29. März pünktlich um dreiviertelsechs stand Gerry mit seinem alten BMW, dessen TÜV längst fällig war, in der 17. Reihe des Parkplatzes. Gerry wartete länger als üblich. Holger kam sonst immer pünktlich mit einem Opel Rekord von *AVIS*. Nach knapp einer Viertelstunde tauchte ein alter VW-Bus auf. Astrid saß am Steuer. Gerry stieg aus und ging auf sie zu. Astrid blieb im Bus sitzen. Sie drehte nur das Seitenfenster runter und lächelte Gerry an: »Na, da staunst du, was?«

»Was ist los?« stammelte Gerry, die Plastiktüte mit den 5250 Mark in der Hand.

»Warum bist du damals so plötzlich abgehauen?«

»Was hast du hier zu suchen?« fragte Gerry zurück.

»Dich. Holger ist gebusted.«

»Was?« Unauffällig ließ Gerry seinen Blick um sich schweifen. Nur eine junge Mutter war zu sehen, die gerade den Kofferraum ihres kleinen Fiat mit den Einkäufen füllte und nebenbei versuchte, ihr quengelndes Kind zu beruhigen.

»Nur keine Paranoia«, meinte Astrid spöttisch, »ich hab die 5 k nicht dabei.«

»Aber du hast sie?«

Astrid nickte. »Vielleicht kommen wir ins Geschäft.«

Gerry wußte nicht, was er davon halten sollte. Er hatte schon seit Jahren die gleiche Connection. Keine Freaks waren darunter und auch kein Fixer, jeder würde dichthalten, falls es ihn mal erwischen sollte. Auch Holger, da war sich Gerry ganz sicher. Von dieser Seite drohte keine Gefahr. Nur dieses Mädchen war ihm nicht geheuer. Astrid war nicht cool, das erkannte Gerry auf den ersten Blick. Aber andererseits waren 5 k geordert. Verständlich, daß Gerry die Antwort nicht leicht fiel.

»Brauchst du Bedenkzeit oder was?«

»Ich kenn dich nicht«, sagte Gerry.
»Dann lern mich kennen.«
»Das geht nicht so schnell.«
Astrid lächelte. »Wenn du dir Mühe gibst, vielleicht schneller als du denkst.«
Warum sollte er sich keine Mühe geben? Schon als sie ihm damals die Karten legen wollte, hatte es Astrid Gerry angetan. Es hatte was drauf, dieses Chick, auch wenn es alles andere war als cool.
Astrid öffnete die Beifahrertür.
Gerry schloß seinen Wagen ab und stieg in den Bus.

4

Sie fuhren zu Gerry. Der wohnte in einer Einzimmerwohnung in einem Altbau ohne Lift im sechsten Stock. Die Einrichtung war karg. Es gab nicht viel mehr als ein geräumiges Bett, einen Fernseher, eine Hi-Fi-Anlage mit beträchtlichen Boxen und jede Menge Schallplatten. Astrid schloß die Augen und wanderte wie in Trance durch den Raum. Ganz gleich, wohin sie kam, seit sie Castaneda gelesen hatte, suchte sie immer zuallererst den Platz, dem sie sich zugehörig fühlte.
Der Platz, der ihrer Seele entsprach, war gleich neben dem Bett und vor dem Plattenspieler. Gerry mußte über Astrid steigen, als er *Le Sacre du Printemps* vom Plattenspieler nahm und sie fragte: »Was willst du hören?«
»Ist mir gleich.«
Gerry legte Patti Smith auf. Dann ging er in die Küche und machte Tee. Als er mit der Kanne zurückkam, hatte Astrid einen Joint gedreht. Sie tranken den Tee und rauchten und hörten Patti Smith zu: *because the night belongs to lovers*.
Es war Astrid, die fragte: »Wohnst du allein?«

Gerry nickte.
»Keine Freundin?«
»Nichts Festes – und du?«
»Drei Wochen mit Holger. Aber das ist ja jetzt wohl vorbei.«
»Wie ist es passiert?« fragte Gerry.
»Weiß nicht. Sein Anwalt hat mir nur erzählt, daß sie ihn festgenommen haben.«
»Mit wieviel?«
Astrid zuckte die Achseln.
»Wie kommst du zu den 5 k?«
»Er hat sie bei mir deponiert.«
»Fünf – oder mehr?«
»Willst du mehr?«
Gerry schüttelte den Kopf. Die Platte war abgelaufen. Gerry stand auf und drehte sie um. Astrid machte einen neuen Joint.
»Was treibst du so?« fragte Gerry.
»Was treibst du?«
Gerry fiel so schnell keine Antwort ein.
»Siehst du«, meinte Astrid, »und ich mach dasselbe.«
Gerry mußte lachen. Es war dämlich von ihm, hier eine Inquisition zu veranstalten, bloß wegen der verdammten 5 k. Sie rauchten den zweiten Joint. Astrid kramte in ihren Taschen herum und popelte aus einem Stanniolpapier ein paar Krümel hervor. »Magst du 'n Trip?«
Gerry wußte nicht recht. So mit achtzehn, neunzehn hatte er an die dreißig Trips geworfen. Das war lange her. Später waren sie ihm dann zu heavy geworden. Das erweiterte Bewußtsein sah sich immer häufiger mit der landläufigen Scheiße konfrontiert.
»Na?« Astrid wollte Gerrys Entscheidung nicht abwarten. Sie nahm einen Krümel und spülte ihn mit einem Schluck Tee hinunter.
Damit war Gerry in einem echten Dilemma. Zusammen

in einem Zimmer, der eine auf Acid, der andere nicht, das konnte die Hölle werden. Warum sollte er nicht mal wieder einen versuchen, und sei's nur aus Nostalgie? Falls er wirklich auf Horror kommen sollte, dann hatte er ja Librium im Haus. Und außerdem, das war von Astrid gar nicht so dumm gedacht, wenn sie sich wirklich kennenlernen wollten, wie konnten sie das besser als auf Trip?
Gerry nahm sich einen der Krümel und ließ ihn auf der Zunge zergehen. Dann stand er auf und machte einen neuen Tee. Er brachte auch eine Schale mit Apfelsinen aus der Küche mit. Sie hatten noch eine gute halbe Stunde Zeit, und Gerry wußte aus Erfahrung, daß es besser war, alles griffbereit zu haben, bevor es richtig los ging.
»Hast du's bequem?«
Astrid nickte. Sie wollte nicht von dem Platz lassen, dem sie sich so ganz und gar zugehörig fühlte.
»Wenn du was anderes hören willst«, Gerry deutete auf seine Platten, »bedien dich.«
»Ich hab nichts gegen Patti Smith.«
Gerry legte sich auf sein Bett. Er erinnerte sich. Er hatte es oft genug erlebt. Immer hatte ihn davor diese Unruhe ergriffen, wie wenn man im Kino einen spannenden Film sehen möchte und die Lichter noch immer nicht ausgehen wollen. Gerry zündete sich eine Zigarette an.
Dann begannen endlich die Farben der Bilder von den Wänden zu fließen, die Türen schwebten aus ihrer Verankerung, und auch die Ecken des Zimmers hatten noch nie was von einem rechten Winkel gehört. Die Dinge erwachten zum Leben. Gerry kannte das. Das Kopfkissen atmete, dann die Lautsprecherboxen, und bald atmete das ganze Zimmer mit ruhigen, gleichmäßigen Zügen wie ein universales Zwerchfell. Nur Gerry legte sich quer. Er bekam Atembeschwerden.

Es begann der immerwährende Kampf gegen das Acid. Es wollte die Oberhand gewinnen. Es wollte hinwegspülen, was man sich angeeignet hatte in den Jahren der Erziehung und den Jahrtausenden menschlicher Kulturgeschichte. Die alten Ängste tauchten wieder auf. Wie schwer ist es doch, seinen Urin zu halten. Hatte Gerry sich jetzt die Hosen vollgemacht oder nicht? Gerry wußte es nicht und wagte auch nicht, mit der Hand den Hosenstoff zwischen den Beinen zu betasten, aus Angst, von Astrid mißverstanden zu werden.
Die drehte inzwischen die Platte um und setzte sich wieder auf ihren Platz. Sie war jung und cool, für Gerry inzwischen etwas zu cool. Hatte sie nicht das Gesicht einer Nutte? Eines dieser dreizehnjährigen Fixerinnen, die die Scene unsicher machten mit ihrem Fatalismus, weil nur der Stoff von heute zählte, ganz gleich, was morgen kam? Was hatte sich Gerry bloß dabei gedacht, mit so 'ner Votze einen Trip zu werfen? Und auf dem Boden lag noch immer für jeden sichtbar die Plastiktüte mit den 5250 Mark. Gerry wußte, daß er auf Paranoia kam, er konnte nichts dafür, er zitterte.
Was sollte er tun? Aufstehen und die Plastiktüte verstekken? Gerry würde sich lächerlich machen. Das Geld war auch nicht das Problem. Es war das Acid, das Gerry zu schaffen machte. Blieb nur der Gang ins Bad zum Apothekerkästchen mit dem Librium. Gerry würde die Spülung ziehen müssen, damit er sich vor Astrid nicht verriet. Aber würde sie ihn wirklich nicht durchschauen? Sie auf Acid und er auf Librium, glaubte er wirklich, damit durchzukommen? Und wenn sie ihn fragen würde, warum er den Trip getötet hatte, noch bevor er richtig begann, was würde er dann antworten, was fiel Gerry ein, außer den unaufgeräumten 5250 Mark?
Astrid verließ dann doch ihren Platz und legte sich zu Gerry aufs Bett. Sie sahen einander an, Minuten, Stun-

den, eine Ewigkeit. Und mit einemmal begriff Gerry, daß unter den vielen zum Leben erwachten Wesen wie Kopfkissen und Plattenhüllen sich eines befand, das ihm nahe stand, das einzige, mit dem er reden konnte. Nur traute er sich nicht. Ihm war, als habe er die Sprache verlernt. Doch die Finger ließen sich munter bewegen. Und sie rückten auch näher und begutachteten die fremde Haut und spielten mit den so ganz und gar anderen fünf Fingern und ließen sich umspielen. Da gab es einen Knöchel, der wirklich einzigartig war, und einen Pickel, wie man ihn noch nie gesehen hatte. Und wenn man die Mühe nicht scheute und einen ganzen Arm eroberte, stieß man ganz oben auf Härchen, die struppig waren und einen Geruch an sich hatten, der neugierig machte. Und mit einemmal kicherten Gerry und Astrid. Was gab es da nicht alles zu ertasten und zu grabschen? Ein Rock konnte hochgeschoben werden, in einen Hosenschlitz ließ sich fassen. Ein Schwanz streckte sich plötzlich in die Höhe. Astrid und Gerry nahmen ihn zunächst nicht ernst und belächelten sein protziges Gehabe. Sie taten ihm schließlich den Gefallen. Astrid wurde zum Weib. Erst war sie nur ein Stück Fleisch, das Gerry wie wild beackerte, dann selbst eine Wilde, gerade dem Urwald enthüpft. Später lag plötzlich Prinz Eisenherz unter ihm, und Gerry war sich sehr wohl bewußt, daß er es einem Knaben besorgte. Aus dem Prinzen wurde schließlich Dornröschen und Gerry der Typ, der ihr mit seinem knüppeldicken Ding Leben einhauchte. Doch zum Schluß erstrahlte Astrid als Göttin. Und es war Gerry, der ihr mit viel Gezucke und Gestöhn sein ganz persönliches Opfer darbrachte.

5

In dieser Nacht opferte sich Gerry noch drei weitere Male. Dann dämmerte es. Die Ecken des Zimmers formten rechte Winkel, die ins Auge stachen, die Türen hingen stolz in ihrer Verankerung, und die Farben der Bilder glänzten in voller Pracht und tropften nur noch spärlich von den Wänden. Kein Zweifel, der Trip ging zuende, nur Astrid blieb dieselbe und wurde von Gerry mit immer neuer Leidenschaft begehrt.

Astrid robbte schließlich zurück zu dem Platz, der einmal ihr ein und alles war. Sie griff nach dem Gras und den Papers. Die reichten nicht mehr für einen neuen Joint. Gerry stand auf und holte die seinen. Beim Rückweg sah er die Plastiktüte auf dem Boden und lachte.

»Was ist?«

»Nichts«, antwortete Gerry.

»Was gibt's zu lachen?«

»Nur wegen dem Geld.«

»Was für Geld?« fragte Astrid.

Gerry deutete auf die Plastiktüte und erzählte, wie er Astrid für eine dreizehnjährige Nutte gehalten hatte, die auf nichts anderes scharf zu sein schien als auf 5250 Mark.

Auch Astrid mußte lachen. Sie hatte sehr wohl gefühlt, daß Gerry sie zum Teufel wünschte, noch bevor der Trip richtig begann. Einen Augenblick hatte sie sogar befürchtet, Gerry würde sie vor die Tür setzen.

Astrid war happy. »Was ist?« fragte sie. »Hast du mich kennengelernt? Kommen wir ins Geschäft?«

Gerry nippte an dem kalten Tee und schälte eine Apfelsine. Er reichte Astrid eine Hälfte. »Was treibst du so?« fragte er.

»Und was treibst du?« fragte Astrid zurück und gab lächelnd den Joint an Gerry weiter.

Gerry rauchte. Dann erzählte er, wo er geboren wurde, wo er zur Schule gegangen war und wo er das Konservatorium besucht hatte.

»Interessiert mich nicht«, sagte Astrid.

»Was interessiert dich dann?«

»Wann warst du zum erstenmal verliebt?«

Gerry erzählte von Christine. Sie waren beide dreizehn gewesen und hatten sich schon mit der Zunge geküßt. Aber Christine hatte ihn dann bald verlassen, vielleicht war ein Nebenbuhler bereits in die Kunst des Pettings eingeweiht, jedenfalls hatte Gerry diesen Verlust nie verschmerzt. Richtig gebumst hatte er erst mit neunzehn, von da an vögelte er dafür um so eifriger herum. Aber mit Astrid war es etwas anderes. Gerry wollte es sich nicht eingestehen. Er hatte sich in Astrid verliebt. Sie war elf Jahre jünger und hatte entsprechend weniger zu berichten. Sie hatte eine Schule besucht und die mittlere Reife nicht bestanden, die Lehre danach für blöd befunden und dann nur noch herumgejobt. Ihre Freunde konnte sie an zwei Händen abzählen, alle waren sie mal die Liebe ihres Lebens gewesen, aber keiner überdauerte einen Monat. Auch Holger nicht, bei dem sie zuletzt gewohnt hatte. Jetzt suchte sie eine andere Bleibe.

»Zieh doch zu mir«, meinte Gerry.

»Ist doch nicht dein Ernst?«

»Warum nicht?«

»Zu zweit in diesem engen Loch?«

»Bis jetzt ist es doch ganz gut gelaufen.«

»Ja, eine Nacht«, räumte Astrid ein.

»Warum nicht zwei oder drei oder hundert?«

»Wir würden uns nerven.«

»Nein.« Gerry war sich da ganz sicher. »Wir nicht!«

»Aha. Und warum nicht?«

»Wir sind ehrlich.«

»Meinst du?«

»Ich hab dir meine Ängste erzählt und du mir die deinen. Das ist schon ein Anfang.«
Astrid nahm einen letzten Zug und drückte den Joint aus. »Frühstücken wir erst mal zusammen.«
»Ok. Was willst du?« fragte Gerry.
Astrid überlegte. »Frische Brötchen und einen Erdbeerjoghurt und Bierschinken und einen Camembert . . .«
Gerry lachte und stand auf. »Ok. Ich geh einkaufen.«
»Macht's dir auch nichts aus?« fragte Astrid.
Gerry schüttelte den Kopf und stieg in die Hosen.
»So fängt es schon an.«
»Was?« fragte Gerry.
»Du lügst. Ich seh's dir an. Es macht dir was aus.«
»Und wenn schon«, meinte Gerry, »ich geh trotzdem.«
»Nein«, sagte Astrid. Sie ging einkaufen. Gerry nützte die Zeit und räumte das Zimmer auf. Der Tisch war zum Frühstück gedeckt und der Tee dampfte, als Astrid noch immer mit den Brötchen und den Joghurts und dem Bierschinken und dem Camembert auf sich warten ließ. Gerry trank eine Tasse Tee und knabberte an einem alten Toast, als er die Plastiktüte bemerkte. Sie lag noch auf dem Fußboden, aber nicht mehr an ihrem alten Platz. Gerry mußte nicht aufstehen. Er sah es auf den ersten Blick. Sie war leer.

6

Damit war Gerry am Ende. Das Geld war die Vorauszahlung gewesen, die er von seinen Abnehmern einkassiert hatte. Keiner würde ihm deswegen einen Gerichtsvollzieher ins Haus schicken. Das mit Holger hatte sich bestimmt herumgesprochen. Man wird Gerry Verständnis entgegenbringen und ihm Zeit lassen, seine Geschäfte zu regeln. Aber eines war sicher, in dieser Scene

würde er keinen einzigen Deal mehr über die Bühne bringen, solange er nicht den georderten Shit geliefert hatte. Für Gerry war das eine Existenzfrage. Womit sonst sollte er sein Geld verdienen? Er hatte auf dem Konservatorium Violine studiert, auch ein wenig komponiert, und einer seiner Lehrer war sogar davon überzeugt gewesen, Gerry würde es mal zu einem begabten Dirigenten bringen. Aber dann kamen die Beatles mit ihrem *it's getting better all the time.* Damals hatte Gerry das Konservatorium verlassen und eine eigene Band gegründet. Die war inzwischen in alle Winde verstreut, und auch die Beatles gab es längst nicht mehr. Die Zeiten hatten sich geändert, und Gerry wäre ausgefreakt, hätte ihm damals jemand prophezeit, er würde mal zum Geschäftspartner seiner Freunde werden. Und die wollten für die geleistete Anzahlung früher oder später Ware sehen. Gerry machte sich auf die Suche nach Astrid. Er klapperte alle Lokale ab, die er kannte. Er trank viel und landete schließlich in einer schmucken Discothek, die gerade erst eröffnet hatte. Auch hier traf er auf bekannte Gesichter. Da gab es einen Juniorchef, der mal bei ihm Baß gespielt hatte. Und einer von Gerrys Abnehmern, der angehende Referent eines angehenden Kulturreferenten, wollte wissen, wann es endlich soweit sei. Gerry vertröstete ihn auf die folgende Woche und fragte: »Hast du Astrid gesehen?«
»Welche Astrid?«
»Blond, gerade Nase, blaue Augen . . .« Gerry wußte wie immer nicht weiter.
Der angehende Kulturreferentenreferent hatte noch nie etwas von so einer Astrid gehört. Gerry trank noch drei Whiskys, dann hielt er es nicht länger aus. Nie hätte er sich träumen lassen, daß nach dem Beatles-Sound mal so eine Discomasche kommen würde. Gerry war betrunken, als er nach Hause kam und die sechs Stock hochstieg und nach jedem zweiten verschnaufte. Einmal ging

das Treppenlicht aus. Noch bevor Gerry die nächste Etage erreicht hatte, um den Lichtschalter zu drücken, wurde es wieder hell. Gerry wußte nicht, wer sich sonst noch im Treppenhaus aufhalten konnte. Schritte waren jedenfalls nicht zu hören.

Das Rätsel löste sich im sechsten Stock. Astrid saß vor Gerrys Wohnungstür und fragte: »Wo hast du dich rumgetrieben?«

Gerry verschnaufte erst mal.

Astrid stand auf. Eine Umhängetasche baumelte an ihrer Schulter. »Ich hab dich mindestens zehnmal angerufen.«

Gerry hätte vieles zu sagen gehabt. Zu oft hatte er sich ausgemalt, wie er ihr an die Gurgel gehen würde, sollte er Astrid jemals zwischen die Finger bekommen. Jetzt stand sie vor ihm, vorwurfsvoll, weil er sie so lange hatte warten lassen. Wortlos sperrte Gerry die Wohnungstür auf.

Astrid ließ nicht locker. »Hast du was zum Aufreißen gesucht? Hat's nicht geklappt?«

Gerry winkte müde ab. »Was willst du?«

»Na hör mal, ich dachte, wir machen Geschäfte zusammen.«

»Was für Geschäfte?«

»Jetzt stell dich nicht dumm.« Astrid drängte sich an Gerry vorbei in die Wohnung. »Du hast 5 k geordert und hier sind sie.« Astrid griff in ihre Umhängetasche und brachte fünf in Leinen gepreßte, kiloschwere Platten zum Vorschein.

7

Am nächsten Morgen konnte sich Gerry an nichts mehr erinnern. Er war wieder mal verkatert. Er glaubte, von einem Kuß geweckt worden zu sein, aber als er die Augen öffnete, war er allein im Zimmer. In der Küche klapperte Geschirr. Gerry grübelte. Hatte er letzte Nacht doch noch was aufgerissen? Da kam Astrid mit einem Tablett herein. Gerry erinnerte sich. Er hatte schon viele Deals gemacht. Aber noch keiner war so uncool verlaufen wie dieser.

Astrid trug wieder mal nichts außer einem viel zu weiten Herrenhemd. Sie schlüpfte zu Gerry unter die Decke und balancierte das Tablett auf den Knien. Zwei Tassen Tee standen darauf und Teller mit frischen Brötchen und Bierschinken und ein Camembert und selbstverständlich auch zwei Erdbeerjoghurts.

»Eigentlich«, meinte Gerry und schmierte sich Margarine auf ein Brötchen.

»Na was?«

»Ich war ganz schön sauer auf dich.«

»Kann ich mir denken.« Astrid öffnete einen Joghurtbecher. »Es ging nicht anders. Daß Holger was bei mir deponiert hat, war 'ne Lüge. Ich brauchte das Geld. Sonst wär der Deal geplatzt.«

»Hättest ja was sagen können.«

»Hättest du mir 5000 geliehen?«

Gerry zuckte die Achseln.

»Du hättest dir in die Hosen gemacht«, meinte Astrid.

Gerry antwortete nicht. Er hatte eine Tasse Tee getrunken und ein halbes Brötchen gegessen und zündete sich jetzt eine Zigarette an. »Wieviel hast du bezahlt?«

»Magst du keinen Joghurt?« fragte Astrid.

Gerry schüttelte den Kopf.

Astrid aß den zweiten Erdbeerjoghurt. »10.5.«

»Nicht gerade ein Freundschaftspreis.«

»Für 7 k«, fügte Astrid hinzu.

»Sieben?« fragte Gerry erstaunt.

Astrid nickte. »Kommst du mit nach Griechenland?«

»Warum?«
»Ich kenn 'n Typ in Lindos, der will 2 k von mir. Komm mit, wir machen halbe-halbe.«
»Warum halbe-halbe? Du brauchst mich nicht dazu.«
»Weil ich will, daß du mitkommst.«
Gerry wußte nicht, was er davon halten sollte. Er drückte erst mal seine Zigarette aus.
»Und weil ich dich brauch!«
Gerry verstand nicht. »Warum?«
Astrid stellte das Tablett auf den Boden. »Mein Gott, bist du schwer von Begriff.« Astrid nahm Gerry in die Arme. Der hatte ganz vergessen, wie sehr er dieses Chick mal geliebt hatte.

8

Gerry lieferte seine 5 k ab und kassierte den Rest. Astrid beglich die letzte Rate. Sie kauften sich eine gebrauchte Campingausrüstung und gaben den VW-Bus in Inspektion. Der Bus erschien ihnen zuverlässiger als Gerrys klappriger BMW. Die Campingausrüstung machte sich gut an der Grenze. Die 2 k hatten sie in die Plane des Vorzelts gewickelt.
Ein großes Risiko war nicht dabei. Gefilzt wurde man nur in umgekehrter Richtung. Gerry kannte die Strecke. So mit siebzehn, achtzehn war er sie ein paarmal getrampt. Jetzt schwelgte er in Erinnerungen. Hundert Kilometer vor Belgrad hatte er über zwölf Stunden im Regen gestanden, und gleich hinter Niš, genau an dieser Brücke, bekam er mal einen Lift bis fast nach Athen.
Es standen auch diesmal welche, sowohl hundert Kilometer vor Belgrad als auch gleich hinter Niš, aber Astrid hielt nicht und auch nicht Gerry, wenn er das Steuer übernommen hatte. Sie hatten sich viel zu erzählen. Sie

waren jetzt Partner. Sie fuhren nonstop und überwanden alle Grenzen ohne Schwierigkeiten. In Piräus nahmen sie die Fähre nach Rhodos.
Als es Nacht wurde, hatten sie das Deck für sich allein. Gerry und Astrid griffen sich einen Liegestuhl und machten es sich zusammen auf ihm bequem. Astrid brachte einen Joint zum Vorschein. Sie hatte ihn in der windgeschützten Toilette präpariert. Gerry und Astrid rauchten und hielten nach Sternschnuppen Ausschau.
»Was machen wir dann?« fragte Astrid.
»Wann?«
»Nach den 2 k. Willst du gleich wieder zurück?«
Gerry zuckte die Achseln. »Was willst du?«
»Weiter nach Kurdistan!«
»Kurdistan?«
»Ja.« Astrid lächelte verlegen. »Auf den Spuren von Kara Ben Nemsi. Als kleines Mädchen stand ich mal auf Karl May.«
»Ok«, meinte Gerry vergnügt, »auf durchs wilde Kurdistan!«
»Hey!« Ein Typ mit Schlafsack stand plötzlich vor ihnen. Er trug einen abgewetzten Jeansanzug und zum langen Haar einen Vollbart, mehr war im Mondlicht nicht zu sehen. »Habt ihr einen Zug für mich?«
Gerry reichte den Joint. Der Typ zog dreimal kräftig durch. »Tschuldigung. Ich wollt euch nicht stören.« Dann gab er den Joint an Astrid weiter. »Aber ich schlaf hier auf Deck.«
Astrid nahm einen letzten Zug. Gerry zündete sich eine Zigarette an.
»Ihr könnt natürlich sagen, das Deck ist groß«, meinte der Typ, »aber das hier ist die einzige windgeschützte Ecke.«
Astrid und Gerry verstanden. Sie schoben den Liegestuhl beiseite.

Der Typ breitete seinen Schlafsack aus. »Wo wollt ihr hin?«
»Lindos«, antwortete Astrid.
»Da komm ich her.« Der Typ kroch in den Schlafsack. »Ich war nur kurz in Athen.«
»Kennst du Pino?« fragte Astrid.
Der Typ nickte. »Ist vor ein paar Wochen nach Kalifornien, hat sich in eine Amerikanerin verliebt.«
Das war dumm. Für Pino waren die zwei k bestimmt.
»Freund von euch?« fragte der Typ.
»Wir wollten ihn besuchen«, sagte Gerry.
»Besucht halt mich«, meinte der Typ. »Ihr könnt bei mir wohnen. Für 150 die Woche.«

9

Und so geschah es dann auch. Der Typ, er hieß Ralph, hatte zwei Häuser. Eins bewohnte er selbst, das andere stand leer und war erst ab Mitte Mai vermietet. Es lag gleich unter der Akropolis, und wenn man die Mühe nicht scheute und das flache Dach erkletterte, konnte man den Hafen sehen und das Meer. Das Haus selbst war nicht gerade geräumig, dafür besaß es einen von wildem Wein umwucherten Innenhof mit einer rabenschwarzen Katze, die hier ihre weißgefleckten Jungen umsorgte.
Astrid und Gerry hatten bereits geduscht und ausgiebig die niedlichen Kätzchen gestreichelt, als Ralph mit einem Laib Brot und Ziegenkäse und zwei Flaschen Retsina zurückkam. Sie stellten den Tisch in den Hof und ließen es sich in der Aprilsonne schmecken, die am frühen Nachmittag ganz schön heiß war. Astrid mochte den Retsina nicht.
»Man gewöhnt sich dran«, meinte Ralph.

Astrid begnügte sich mit etwas Käse und zog dann die Papers und den Shit hervor.
»Seid vorsichtig«, sagte Ralph. »Mit den Griechen ist nicht zu spaßen.«
Gerry nickte. »Ist uns bekannt.«
»Wieviel habt ihr dabei?«
»Willst du was?« fragte Gerry zurück.
Ralph sah Astrid zu, wie sie den angewärmten Shit über den Tabak krümelte. »Warum nicht?«
»Wieviel?«
»'n Piece.«
Gerry nahm das Piece vom Tisch und gab es Ralph.
»Was kriegst du dafür?«
Gerry winkte ab. »Geschenkt.«
Sie rauchten den Joint und verfütterten den Rest des Käses an die Katze.
»Wieviel habt ihr dabei?« wiederholte Ralph seine Frage.
Astrid hatte Durst bekommen. Sie nippte an dem Retsina und verzog erneut ihren Mund. »Willst du's genau wissen?«
»Nicht, wenn ihr nicht wollt.«
»2 k«, sagte Astrid.
Ralph war beeindruckt.
»Was macht hier das Gramm?« fragte Gerry.
Ralph zuckte die Achseln. »Man kriegt viel geschenkt. Ich würd sagen, zehn Mark, vielleicht fünfzehn.«
Astrid mußte nun doch was gegen ihren Durst unternehmen. Sie ging sich eine Cola holen. Die Katze hatte sich inzwischen auf Ralphs Schoß gehockt und sah gelassen ihren Jungen zu, die sich im Hof herumbalgten.
»Wieviel willst du fürs k?« fragte Ralph.
»Fünf«, meinte Gerry.
Ralph lachte. »Ist nicht drin. Wie stellst du dir das vor? Gleich nach Griechenland kommt die Türkei.«
»Sag du was.«

»3,5 höchstens.«
Gerry überlegte. Astrid hatte 1,5 bezahlt. Das machte bei 2 k 4000 Plus. »Ok.«
»Moment mal«, meinte Ralph, »ich bin nicht der Kunde.«
»Aber du weißt einen?«
Ralph nickte. »Zehn Prozent Provision.«
Astrid war noch immer weg. Gerry nahm es auf seine Kappe und akzeptierte den Deal. Gemeinsam tranken sie den Rest der zweiten Flasche Retsina.
»Wer ist es?« fragte Gerry.
»Scott. Der ist aber gerade auf Paros.«
»Wann ist er zurück?«
Ralph zuckte die Achseln. »In zwei, drei Wochen vielleicht.«
Astrid kam mit einer Literflasche Cola zurück, die sie unterwegs zur Hälfte geleert hatte. Ralph stieß die Katze von seinen Knien und machte sich auf den Weg. »Wo habt ihr den Shit?«
»Warum?« fragte Gerry zurück.
»Ich will's nicht wissen. Aber an eurer Stelle hätte ich ihn nicht gern in meiner Nähe. Hier gibt's viel freie Natur.«
Ralph ging. Astrid und Gerry machten in der Abendsonne noch einen kleinen Spaziergang. Eine halbe Stunde hinter Lindos, keine fünfzig Meter vom Meer, stießen sie auf einen Felsbrocken, der wie ein riesiger Pilz aussah und wirklich unverwechselbar war. Unter ihm deponierten sie die 2 k.

10

Drei Wochen waren vergangen, und dieser Scott war noch immer nicht von Paros zurück. Es war April, die

Saison begann erst im Juni. Die Disco und die meisten Restaurants hatten geschlossen. Die Lebenskünstler und Freaks, die hier überwinterten, trafen sich abends immer in der Kneipe von Costa.
Gerry hatte sich inzwischen mit Volker angefreundet, der Jerry-Cotton-Romane schrieb und von Dashiell Hammett schwärmte. Meist saß noch Edmond, ein irischer Altphilologe, bei ihnen am Tisch, und auch Brian gesellte sich oft dazu, ein belgischer Organist, der gern von Wiedergeburt redete und gerade dabei war, aus der *Undine* ein Musical zu machen.
Sie spielten mal wieder Monopoly. Astrid hielt nichts von solchen Würfelspielen und saß bei Ralph am Tisch und schleckte ein Eis. Für Gerry lief es nicht schlecht. Er hatte auf der Lessingstraße und der Schillerstraße je zwei Häuser stehen und auf der Goethestraße, auf der Brian gerade landete, sogar drei. Gerry zog 17 000 Miete ein. Astrid kam hinzu. Sie warf nur einen kurzen Blick über das von Retsinaflaschen umrahmte Spielfeld und sagte: »Ich geh jetzt.«
»Ich komm nach«, antwortete Gerry und kaufte von den 17 000 fünf weitere Häuser.
»Wann?«
»Wenn ich gewonnen hab.«
Astrid wollte nicht so lange warten. Um zwei Uhr morgens machte Gerry dann pleite. Edmond wurde der Monopolist. Ein paar Hähne krähten schon, als Gerry nach Hause gewankt kam und im Hof die Katze mit ihren Jungen begrüßte, die sich weder von den ersten Sonnenstrahlen noch von aufdringlichen Schmeicheleien in ihrem Schlummer stören ließen.
Gerry hatte es sich zur Gewohnheit gemacht, vor dem Schlafen ein *Alka-Seltzer* zu trinken. In der Küche fiel ihm im Abwasch der Löffel auf. Seine Unterseite war mit Ruß beschichtet. Auf dem Brett mit den Gewürzen lag

eine aufgeschnittene Zitrone. Gerry war nicht auf den Kopf gefallen. Er wußte sofort, in diesem Löffel wurde was aufgekocht, und zwar nichts anderes als H.

Astrid lag noch wach im Bett und hörte Musik aus dem Kassettenrecorder. Sie hatte eine Kerze angezündet und auf den Boden gestellt. Die geschlossenen Vorhänge hielten das Tageslicht fern. Gerry schaltete die Deckenlampe an. Astrid richtete sich verärgert auf: »Was soll das?«

Gerry sah Astrid nur kurz in die Augen. Ihre Pupillen waren nicht größer als Stecknadelköpfe.

»Mach das Licht aus!«

Gerry gehorchte. Er zog sich aus und kroch unter die Decke. Astrid suchte wie immer seine Nähe. Heute war Gerry nicht zu müde, sie zu streicheln. Langsam fuhren seine Fingerkuppen ihre Arme abwärts und entdeckten schließlich auf der linken Vene den frischen Einstich.

Gerry rückte von Astrid ab. »Seit wann fixt du?«

Vor Sekunden noch hatte Astrid mit geschlossenen Augen Gerrys Zärtlichkeiten genossen. Jetzt antwortete sie, ohne aufzublicken, mit dem gleichen verträumten Gesicht: »Geht dich 'n Scheißdreck an!«

»Bist du auf H?« beharrte Gerry.

»Soll das ein Verhör sein?«

»Ich bin kein Bulle.«

Astrid richtete sich auf und brach in helles Gelächter aus. »Du bist schlimmer! Fehlt nur noch, daß du mich fickst, nur um zu sehen, ob ich Dope in der Möse verstecke.«

Gerry antwortete nicht. Die Kassette war abgelaufen, und aus dem Recorder kam nur noch ein Rauschen. Gerry hätte gern eine Zigarette geraucht, aber die Pakkung lag bei den Jeans auf dem Boden. »Ich denk, wir sind Partner«, sagte Gerry schließlich.

»Scheiß auf deine Partnerschaft!«

Gerry stieg nun doch aus dem Bett, holte die Zigaretten

aus den Jeans und zündete sich eine an. Er kroch wieder unter die Decke, vermied jede Berührung mit Astrid und rauchte. Einerseits war es für ihn oberstes Geschäftsprinzip: keinen Deal mit einem Fixer, andererseits mochte er Astrid, ja, er liebte sie, auch wenn er ihr das bislang noch nicht gesagt hatte. »Mich kriegst du nicht los!«
»Nimm dir dein k und hau ab!«
»Nein!«
»Warum?« fragte Astrid. »Halbe-halbe war ausgemacht. Die Hälfte von zwei ist eins. Irgendwelche Einwände?«
»Ja. Ich brauch dich.«
»Wozu? Der Deal mit Pino ist sowieso im Arsch.«
»Du bist vielleicht schwer von Begriff.« Gerry drückte die Zigarette aus. »Ich lieb dich.« Gerry nahm Astrid in die Arme. Sie lagen noch wach und eng aneinandergeschmiegt, als die Katze ihre Milch vermißte und an der Tür zu scharren begann.

11

Noch am selben Tag gingen Astrid und Gerry spazieren. Sie überkletterten Felsen und zogen die Schuhe aus, wenn ein paar hundert Meter Sandstrand vor ihnen lagen und sie ihre nackten Füße von den Wellen umspülen lassen konnten.
In einer Bucht stand ein Kafenion. Es war nur eine Wellblechbaracke, in deren Windschatten zwei Tische mit insgesamt vier Stühlen aufgestellt waren und auch ein Sonnenschirm, der mit verblichenen Farben für *COCA-COLA* warb.
Ein Hund kam kläffend angelaufen und behopste schwanzwedelnd ihre Beine. Astrid und Gerry tätschelten ihn und kamen sich dabei mit den Händen in die

Quere. Beide zuckten sie zusammen. Es war ihre erste Berührung, seit sie das Bett verlassen hatten.

Dann kam auch ein kleiner Junge angesprungen und wies auf die Wellblechbaracke und artikulierte mit gewissenhaft eingeprägten Lauten: »Coca-Cola, Hellas-Fix, Snacks, good dinner, Diners Club.«

Es blieb Gerry und Astrid nichts anderes übrig, als unter dem Sonnenschirm Platz zu nehmen. Ein kaum dreißigjähriger Grieche mit prächtigem Schnurrbart trat aus der Baracke, wischte mit dem Handrücken den Sand vom Tisch und legte seinen ersten Gästen in dieser Saison mit freundlichem Grinsen die vergilbte Karte vor.

Gerry hatte nur Durst und bestellte einen Ouzo.

»Cola«, sagte Astrid und gab dem Wirt die Karte zurück.

Gerry zündete sich eine Zigarette an. Astrid nahm sich eine aus der Packung. Gerry gab ihr Feuer.

Die Frau des Wirts, im achten Monat, brachte die gewünschten Getränke.

Astrid griff sich den Ouzo und stürzte ihn mit einem Schluck hinunter. »Du säufst zuviel.«

Gerry schenkte sich das Cola ein. Es war lauwarm und schäumte entsprechend. Gerry nippte daran. »Stimmt.«

Die Wirtin setzte sich an den zweiten Tisch und ließ ihren Bauch von der Abendsonne bestrahlen.

Astrid begann zu erzählen, wie sie sich ihren ersten Schuß gesetzt hatte. Micha war damals ihr Freund gewesen, nicht ihr erster, aber ihre erste ganz große Liebe. Er war vier Jahre älter und drei davon auf H. Astrid wurde eine richtig schicke Fixerbraut. Fast zwei Jahre hing sie dann selbst an der Nadel. Inzwischen hatte sie einen Entzug hinter sich. Natürlich war es die Hölle gewesen, aber Astrid hatte sie durchgestanden. Allenfalls bei Holger hatte sie sich noch zwei oder drei Drucks genehmigt. Aber dann tauchte ja Gerry auf. Seitdem war Astrid clean geblieben.

Bis sie eines Abends – Gerry und seine Kumpane spielten mal wieder Monopoly und bestellten sich eine Flasche Retsina nach der anderen – mit Ralph ins Gespräch kam. Sie entdeckten, daß sie gemeinsame Freunde hatten. Detlev und Axel zum Beispiel, mit denen Astrid auf Therapie war und die Ralph von Berlin her kannte. Auch Ralph hatte mal an der Nadel gehangen. Aber jetzt, sagte er, habe er gelernt, mit dem H umzugehen. Er genehmigte sich nur mehr alle heilige Zeiten einen Flash. Zufällig war er an diesem Abend in Stimmung. Ralph war großzügig und spendierte auch Astrid einen Druck. Das war's gewesen. Mehr hatte Astrid nicht zu sagen.
Gerry trank das Cola aus. »Soll ich dir jetzt erzählen, wie ich das Saufen angefangen hab?«
Astrid lachte. »Nein. Aber ich hab noch Durst.«
»Machen wir einen Deal?«
Astrid hob fragend den Kopf.
»Ich keinen Alkohol und du kein H.« Gerry winkte der Wirtin.
Die winkte dem kleinen Jungen. Der trat an den Tisch, ergriff die ausgetrunkenen Gläser und fragte: »Ena Cola? Ena Ouzo?«
Gerry schüttelte den Kopf und hob zwei Finger in die Höhe. »Dio Cola«, ergänzte Astrid. Der Junge verstand und verschwand.

12

Am nächsten Morgen standen Astrid und Gerry früher auf als sonst. Die Katze war noch auf einem Streifzug durch ihr Revier, wohl weil sie ihr Frühstück erst gegen Mittag erwartete. Die Tage verbrachten Gerry und Astrid am Meer. Sie hatten ein paar Kilometer entfernt eine Bucht ausfindig gemacht, in der sie ganz ungestört

waren und auch nackt baden konnten. Astrid las den *Herrn der Ringe*. Das Buch hatte sie sich von Ralph ausgeliehen. Gerry versuchte mit einer selbstgemachten Angel sein Glück. Einmal fing er auch wirklich einen Fisch, den Astrid noch am selben Abend braten mußte.
Astrid kochte gern. Es machte ihr Spaß, dem winzigen Propangasherd mit seiner verkrusteten Pfanne und den zwei angerosteten Töpfen ein Menü mit drei Gängen abzutrotzen. Gerry war dabei nur im Weg und allenfalls brauchbar, die Tomaten oder ein paar Zwiebeln zu schneiden. Dafür deckte er um so hingebungsvoller den Tisch. Er hatte neues Geschirr gekauft, weil ihm das alte zu unappetitlich erschien. Und wenn alles an seiner Stelle stand, die Salatschüssel und die Mineralwasserflaschen, und Astrid den Topf mit der Hühnersuppe brachte, die dem Risotto voranging, dann legte Gerry auch die Papers griffbereit und ein Piece.
Sie hatten es sich zur Gewohnheit gemacht, nach dem Abendessen den ersten Joint des Tages zu rauchen. Danach dauerte es meist nicht lange, und sie gingen ins Bett.
Es klopfte. Noch bevor einer antworten konnte, stand Ralph im Zimmer. »Stör ich?«
Er störte. Gerry deckte sich mit einer Decke zu. »Soll ich wieder gehen?« fragte Ralph.
Astrid schüttelte den Kopf. »Wenn du schon mal da bist.« Sie zündete sich eine Zigarette an. »Was gibt's?«
»Scott ist zurück.«
Das war wirklich eine Neuigkeit.
Ralph sah auf dem Tisch den Topf mit dem nicht ganz aufgegessenen Risotto stehen und fischte sich ein paar Stückchen Hühnerfleisch heraus. »Wo habt ihr gesteckt? Man sieht euch nicht mehr.«
»Wir sind ganz happy«, meinte Astrid. »Kein Grund zur Beunruhigung.«

»Jedenfalls wär's ganz gut, wenn ihr heute noch bei Costa vorbeischauen würdet.«
»Ist Scott dort?« fragte Gerry.
Ralph nickte. »Eilt aber nicht. Laßt euch nur Zeit.« Ralph fischte sich noch ein paar Gurkenscheiben aus der Salatschüssel, winkte dann Astrid und Gerry mit schiefem Lächeln ermutigend zu und verschwand.
Gerry ließ sich von Astrid die Zigarette geben, machte noch zwei Züge und drückte sie dann aus. »Gehen wir gleich?«
»Ich bleib hier«, sagte Astrid.
»Warum?«
»Du kommst auch ohne mich zurecht.«
»Wir sind Partner«, meinte Gerry.
»Na und? Ich hab die 2 k aufgerissen und du verhökerst sie. Ist doch 'ne gute Partnerschaft.«
»Wenn du meinst.« Gerry stand auf.
»Ich vertrau dir.«
Gerry zog sich an. Er vergaß nicht das Piece. Als er sich mit einem Kuß verabschiedete, war Astrid ganz in den *Herrn der Ringe* vertieft.

13

Es gab ein großes Hallo, als Gerry in Costas Kneipe kam. Man hatte drei Tische zusammengerückt. Zig Flaschen Retsina standen darauf. Auch Volker und Edmond und Brian waren da und fragten, warum Gerry denn so lange sich nicht habe sehen lassen?
Gerry setzte sich. Scott nickte nur flüchtig. Er war ganz in weiß gekleidet und hatte eine beträchtliche Stirnglatze. Die verbliebenen Haare trug er lang und zu einem Pferdeschwanz zusammengebunden. Scott unterhielt sich gerade mit zwei blonden Mädchen, offensichtlich

Geschwister, die links und rechts von ihm saßen und jedes seiner Worte zu genießen schienen.
Volker reichte Gerry ein Glas mit Retsina. Gerry nahm es und zögerte vor dem ersten Schluck. Da gab es eine Abmachung mit Astrid. Andererseits war dies hier eine Ausnahme. Schließlich ging es darum, 2 k an den Mann zu bringen. Wenn Gerry jetzt plötzlich den Retsina verschmähen und nur noch Mineralwasser trinken würde, wäre das alles andere als cool und nicht gerade geschäftsfördernd gewesen.
Gerry trank den Retsina. Scott erzählte den beiden blonden Mädchen mal wieder von seiner Freundschaft mit John.
Gerry kannte die Geschichte bereits von Ralph. Ganz Lindos wußte Bescheid. Scott war ein Freund von John Lennon gewesen und hatte mit ihm im selben Kirchenchor gesungen. Später hatten sie beide eine Band gegründet. John gastierte mit den Beatles in Hamburg, während Scott mit seinen Quarrels in Liverpool die Nummer eins war. Dann machten die Beatles ihre erste Plattenaufnahme, und George Martin von der *EMI* bestand darauf, Pete Best, den Schlagzeuger, auszuwechseln. Scott war der Drummer der Quarrels gewesen. Natürlich wandte sich John zuallererst an ihn. Aber Scott lehnte ab. Er wollte seine Band nicht im Stich lassen. Ringo Starkey wurde schließlich von den Beatles engagiert.
Gegen halb drei rückte Costa keinen Retsina mehr raus. Er wollte schließen. Seine Frau stellte schon die ersten Stühle auf die Tische. Man beschloß, noch zu Scott zu gehen. Zu sechst machten sie sich auf den Weg. Außer Gerry und Scott mit den beiden Geschwistern kamen noch Ralph und Edmond mit.
Scott hatte ein Haus nahe der Platia. Der Wohnraum maß wenigstens siebzig Quadratmeter und war ganz mit

Teppichen ausgelegt, die kostbar aussahen. Gerry verstand nichts davon. Man hockte sich im Kreis auf den Boden, und Scott schickte die Geschwister in die Küche, den Retsina zu holen.
Gerry zog sein Piece aus der Tasche und drehte einen Joint. Als die Geschwister mit den Flaschen und Gläsern kamen, machte der Joint schon die Runde. Gerry drehte noch einen zweiten und dritten und vierten. Der Shit wurde allseits gelobt. Auch Scott nickte anerkennend, war aber nicht mehr in Stimmung für Geschäfte. »Let's talk tomorrow«, sagte er zu Gerry und beschäftigte sich mit der jüngeren der beiden Schwestern.
Gerry legte sich auf dem Teppich zurück. Er fühlte sich prächtig. So stoned war er schon lange nicht mehr gewesen. Dazu kam noch der Retsina, der erste Alkohol seit Tagen. Die Farben strahlten um die Wette. Jemand hatte die Beatles aufgelegt. *Getting so much better all the time,* krähte Scotts alter Freund John. Ralph wandte sich Edmond zu. Gerry hatte nicht gewußt, daß Ralph schwul war.
Die ältere Schwester rückte Gerry zur Seite. Gemeinsam zogen sie einen allerletzten Joint durch. Dann küßte sie ihn. Gerry tat nicht viel dazu und begnügte sich damit, mit der Zunge ein wenig Widerstand zu leisten. Er schloß die Augen, als das Mädchen ihm zwischen die Beine griff. Es war nackt unter dem Rock. Gerry mußte an Astrid denken.

14

Astrid hatte den Tisch in den Hof gestellt und für zwei Personen gedeckt. Sie war mit dem Frühstück schon fertig und las im *Herr der Ringe,* als Gerry zurückkam. »Alles klar?« fragte Astrid.

Gerry setzte sich an den Tisch. Er war nicht hungrig. Er hatte bei Scott gefrühstückt. Sie waren sich schnell einig geworden. Jetzt trank Gerry nur eine Tasse Tee und sagte: »3,2 das k.«
»Nicht gerade üppig.«
»Und außerdem übernimmt er die Hälfte der Provision für Ralph.«
»Hm.«
»2000 Dollar. Der Rest Drachmen.«
»Wann?« fragte Astrid.
»Heute noch. Der Parkplatz von Platanitsi Beach. Um drei ist die Übergabe.«
»Ok«, meinte Astrid, »ist dein Job.«
»Willst du nicht mit?«
Astrid schüttelte den Kopf und las.
»Es hat so lang gedauert, weil . . .«
»Interessiert mich nicht.«
»Laß mich doch erzählen«, beharrte Gerry. »Ich . . .«
»Ich will jetzt lesen.« Astrid schaute nur kurz von ihrem Buch auf. »Es sind nur noch zwanzig Seiten.«
Astrid las. Gerry spielte mit den Kätzchen. Dann ging er in die Küche und trank ein *Alka-Seltzer*. Als er zurück kam, setzte er sich wieder an den Tisch und drehte vom Rest des Piece einen Joint.
Er rauchte ihn allein. Astrid wollte nicht. Dann war eins vorbei, und es wurde langsam Zeit, die 2 k zu holen. Gerry machte sich mit einer Badedecke auf den Weg. Die brauchte er, um den Shit einzuwickeln.
Vorher schaute er noch bei Costa vorbei und genehmigte sich zur Feier des Tages einen Ouzo. Es war eine halbe Stunde Weg, und Gerry verwünschte sich, weil er sich ausgerechnet die Zeit der Mittagshitze dafür ausgesucht hatte. Schließlich erreichte er den Felsbrocken, der wie ein Pilz aussah und wirklich unverwechselbar war. Gerry stemmte sein Gewicht dagegen und wälzte ihn

beiseite. Es lag nur ein toter Käfer in der Kuhle. Von den 2 k war nichts zu sehen.
Gerry machte sich auf den Rückweg. Er kam immer mehr ins Schwitzen. Unwahrscheinlich, daß irgendein Hirtenknabe seine Kräfte ausgerechnet an diesem Felsen erproben wollte und ihn beiseite gewälzt hatte. Nur Astrid wußte von dem Versteck. Doch vielleicht hatte sie es leichtsinnigerweise Ralph verraten, und der hatte sich die 2 k unter den Nagel gerissen.
Auch diese Hoffnung mußte Gerry begraben. Als er zurück kam, war Astrid verschwunden. Nur die Katzenkids tollten voller Unschuld im Hof herum. Gerry sah sofort, daß Astrid nie mehr wiederkehren würde. Sie hatte nichts hinterlassen außer dem *Herr der Ringe*, der jetzt offensichtlich ausgelesen war und Ralph gehörte.
Gerry machte sich nicht die Mühe, nach dem VW-Bus zu schauen. Er ging gleich zur Platia und versuchte ein Taxi zu bekommen. Es war kurz vor drei, als er endlich einen Fahrer gefunden hatte. Gerry kannte ihn vom Sehen. Während der Obristenzeit sollte er einer der überzeugtesten Faschisten gewesen sein. Das zumindest hatte Volker Gerry erzählt.
Und mit einemmal sah Gerry ein, daß es sinnlos war, den Lauf der Dinge aufhalten zu wollen. Platanitsi Beach lag über dreißig Kilometer von Lindos entfernt. Doch selbst wenn Gerry noch rechtzeitig zum Deal eintreffen würde, was konnte er tun? Wollte er mit der Polizei drohen? Wollte er einen faschistischen Taxifahrer bitten, sein Zeuge zu sein? Und überhaupt, wenn man es genau betrachtete, gehörten die 2 k immer noch Astrid. Das war eine Partnerschaft gewesen, der Gerry von Anfang an mißtraut hatte.
Gerry gab dem Fahrer 50 Drachmen und entschuldigte sich, daß er ihn umsonst hatte herbeirufen lassen. Gerry besaß noch genau 300 Mark und ein paar tausend

Drachmen. Ralph würde auf seine Miete verzichten müssen. Gerry hatte nur eine Zahnbürste und einen Rasierapparat und ein bißchen Wäsche zum Wechseln einzupacken. Es paßte bequem in seine *ADIDAS*-Tasche. Nach Mitternacht machte sich Gerry aus dem Staub.
Als es wieder dämmerte, war Gerry schon mehr als zehn Kilometer gelaufen. Ein klappriger Lieferwagen gab ihm einen Lift nach Rhodos. Gerry erwischte noch die Fähre. Von Athen aus trampte er zurück. Nach vier Tagen war er immer noch in Jugoslawien. Ab Belgrad nahm Gerry den Zug. Im Speisewagen aß er ein Wiener Schnitzel und trank sieben Bier. Hinter Salzburg filzte ihn der deutsche Zoll. Als Gerry seine Einzimmerwohnung im sechsten Stock betrat, hatte er noch ganze 4 Mark 50.

15

Nach Gerrys Rückkehr gingen die Geschäfte immer schlechter. Es traf sich gut, daß ein früherer Freund von ihm, der Filmmusiken schrieb, sich gerade vor Aufträgen nicht retten konnte. Gerry half ihm bei den Arrangements und kam damit finanziell einigermaßen über die Runden. Dieser Komponist von Soundtracks war es auch, der Silvester in seiner neuen Eigentumswohnung eine Party gab. Mehr als hundert Gäste waren geladen. Gerry sonderte sich bald mit einem Kreis von Eingeweihten ab. Man ließ einen Joint rumgehen. Der angehende Referent des angehenden Kulturreferenten kam hinzu. »Gut, daß ich dich treff«, sagte er zu Gerry und zog zweimal kräftig durch. »Du kennst doch eine Astrid.«
»Warum?«
»Sie hat gesagt, ihr seid zusammen in Griechenland gewesen.«

»Was ist mit ihr?«
»Ich glaub, ihr geht's nicht gut.«
»Was hat das mit mir zu tun?« Gerry war an der Reihe und nahm einen Zug. »Hat sie dich zu mir geschickt?«
»Nein.« Der immer noch zukünftige Kulturreferentenreferent schüttelte entrüstet den Kopf. »Ich kenn sie kaum. Sie ist die ältere Schwester einer Schulfreundin meiner Tochter. Ich wollt's dir nur gesagt haben, falls es dich interessiert.«
»Na schön«, meinte Gerry, »du hast es gesagt.«
Eine halbe Stunde später wollte er doch Astrids Adresse wissen. Man ließ noch ein paar Joints rumgehen, trotzdem kam Gerry nicht richtig in Stimmung. Ein wirklich nettes Chick flirtete mit ihm auf Teufel komm raus, doch Gerry verspürte nicht die geringste Lust, es aufzureißen. Kurz vor Mitternacht, ehe die Sektpfropfenknallereien mit den albernen Glückwünschen und Küßchen begannen, verdrückte sich Gerry. Er war auf dem Heimweg, als die ersten Raketen in den Himmel zischten. In seiner Wohnung stellte Gerry den Fernseher an. Eine Dame mit viel Bein und rauchiger Stimme mimte vor dem Playback ihren allerneuesten Discohit und entsprach ganz unerwartet Gerrys Schönheitsideal. Gerry rauchte noch vier Joints und trank fast eine Flasche Whisky. Gegen Morgen, als endlich Sendeschluß war, weinte er.
Neujahr besuchte Gerry Astrid. Sie wohnte in einem Apartmenthochhaus im Norden der Stadt. Gerry brauchte einige Minuten, bis er ihren Namen auf der Tafel mit den unzähligen Klingelschildchen entdeckt hatte. Gerry läutete. Er wollte schon wieder gehen, als aus der Gegensprechanlage Astrids Stimme erklang:
»Was gibt's?«
»Ich bin's. Gerry.«
Wieder verging eine halbe Ewigkeit, dann summte der Türöffner. Gerry betrat das Hochhaus. Er hatte die Tür-

schildchen abgezählt und wußte deshalb im Lift, welchen Knopf er drücken mußte. In der 14. Etage irrte Gerry durch Korridore, bis er endlich Astrids Apartmenttür fand. Sie war angelehnt. Gerry trat ein.
Gleich nach dem Flur kam ein winziger Raum mit einer Bettcouch, einem Wandschrank und einem Tisch mit zwei Stühlen von so gediegener Geschmacklosigkeit, wie sie nur in möblierten Apartments anzutreffen ist. Der Tisch stand voll mit verdrecktem Geschirr und leeren Joghurtbechern und geöffneten Konserven. Es mußte auch Thunfisch darunter gewesen sein, jedenfalls glaubte Gerry, welchen zu riechen. Das Laken der Couch war blutbefleckt. Astrid saß im Schneidersitz auf einem türkisfarbenen, schmuddeligen Teppichboden. Sie trug wieder mal nichts außer einem viel zu weiten Herrenhemd. Vor sich hatte sie ihre Tarotkarten liegen. »Soll ich dir die Karten legen?« fragte Astrid Gerry, der an der Tür stehengeblieben war.
Astrid war älter geworden als das dreiviertel Jahr, das sie sich nicht gesehen hatten. Gerry trat ein, setzte sich zunächst auf einen der Stühle, dann doch zu Astrid auf den Boden und sagte: »Ich glaub noch immer nicht dran.«
Astrid rang sich ein Lächeln ab. »Das hab ich auch mal gesagt. Am Anfang macht sich keiner was draus. Das kommt mit der Zeit.«
Dann saßen sie sich eine Zeitlang schweigend gegenüber und starrten auf die Karten zwischen sich, bis Gerry schließlich fragte: »Willst du was rauchen?«
»Klar doch.«
Gerry holte ein Piece aus der Tasche und drehte einen Joint, während Astrid zuschaute und fragte: »Warst du sauer auf mich?«
Gerry nickte und krümelte den Shit auf den Tabak.
»Willst du wissen . . .«

Gerry schüttelte den Kopf. Er zündete den Joint an. Sie rauchten.
»Ich häng wieder an der Nadel«, sagte Astrid.
»Ich seh's.«
»Was dagegen, wenn ich mir einen Druck mache?«
Gerry schüttelte den Kopf.
Astrid griff unter die Couch und holte eine kleine Plastiktüte hervor mit einem Löffel, einer Zitrone und dem Fixerbesteck. »Hast du mir keinen Deal vorzuschlagen?«
Gerry schüttelte erneut den Kopf.
Astrid tröpfelte etwas Zitronensaft und Wasser zu dem H auf den Löffel, kochte das Ganze mit einem Wegwerffeuerzeug auf und zog es in die Spritze. »Nur mal angenommen«, meinte Astrid, »angenommen, du hättest jemand sehr lieb, und der setzt sich einen Schuß, was würdest du machen?«
»Kann man was machen?« fragte Gerry.
Astrid suchte mit der Spritze ihre Vene. »Mußt du nicht scheißen?«
Gerry verstand nicht.
»Hast du nicht wenigstens das Bedürfnis zu pinkeln?«
Astrid hatte die Spritze abgesetzt und mischte noch einmal ihre Karten. »Ich mag nicht, wenn du dabei bist.«
Gerry stand auf. »Wie du willst.« Gerry betrat das Bad und machte es sich auf dem Deckel der Toilette bequem. Unter dem Waschbecken lag ein alter *Playboy*. Gerry warf nur einen kurzen Blick auf das aufklappbare Mädchen und las dann die Witze. Astrid hatte im Zimmer eine Platte aufgelegt. *Because the night belongs to lovers,* sang Patti Smith. Als er genügend Zeit verstrichen glaubte, kam Gerry aus dem Bad zurück. Astrid lag leblos auf der Couch. Die Spritze steckte noch in ihrer Vene. Auf dem Teppichboden lagen die Karten. Astrid hatte sie für Gerry gelegt, bevor sie sich mit einem Goldenen Schuß aus dem Staub gemacht hatte.

Und Gerry befragte die Karten. Er fand ein Buch mit zerfleddertem Umschlag, das einen auserlesenen Leserkreis des vorigen Jahrhunderts in die Geheimnisse des Tarots einzuweihen versprach. Als Gerry die Lektüre beendet hatte, ahnte er, daß es nicht gut um ihn stand. Er hielt Astrid die Treue. Am 9. Februar fanden die Herren Watzl und Seyfried seinen zum Skelett abgemagerten Körper. Der herbeigerufene Gerichtsarzt veranlaßte die umgehende Einweisung in die Universitätsklinik, wo Gerald Serner, eigentlich Gerry genannt, noch am selben Tag auf der Intensivstation verstarb.

Werthers Freundin

1

»Ach, wie mir das durch alle Adern läuft, wenn mein Finger unversehens den ihrigen berührt, wenn unsere Füße sich unter dem Tisch begegnen! Ich ziehe zurück wie vom Feuer, und eine geheime Kraft zieht mich wieder vorwärts – mir wird's so schwindelig von allen Sinnen. – Oh und ihre Unschuld, ihre unbefangene Seele fühlt nicht, wie sehr mich die kleinen Vertraulichkeiten peinigen. Wenn sie gar im Gespräch ihre Hand auf die meinige legt und im Interesse der Unterredung näher zu mir rückt, daß der himmlische Atem ihres Mundes meine Lippen ...« Dann fehlten mehr als zehn Seiten. Es kam öfters vor, daß Stellen unlesbar waren. Manche Bücher waren auch so zerfleddert, daß man ihren Inhalt nur noch erraten konnte. Aber es waren nur die Seiten 43 bis 58 dieses Buches, deren Verlust Walter nicht verschmerzen konnte. Er hatte es schon unzählige Male gelesen und sich immer wieder gefragt, was sich zwischen ihrem himmlischen Atem und jenen Lippen noch alles ereignet hatte. Denn auf Seite 59 war der Held bereits ganz woanders, und es sollte noch eine Anzahl von Seiten dauern, bis er wieder mit jener unbefangenen Seele zusammentraf, die er nicht weniger beredt anbetete als sein Leser Walter.

Es war Walters Lieblingsbuch. Da auch das Deckblatt abhanden gekommen war, kannte er den Titel nicht, nur den Namen des Verfassers. Der hieß Werther. Das Buch bestand fast ausschließlich aus Briefen, die jener Herr Werther an einen Freund namens Wilhelm richtete. Und das bezaubernde Wesen, um das allein die Korrespondenz geführt wurde, hieß Charlotte, wurde aber meist

Lotte genannt. Mit diesem Namen sprach sie auch Walter an, zunächst in seiner Phantasie und später auch in Briefen, die er seiner Angebeteten schrieb und von denen er nicht wußte, wohin er sie schicken sollte.
Die anderen Bücher, die man ihm zum Lesen brachte, waren Logarithmentafeln oder Telefonbücher, manchmal auch veraltete Warenhauskataloge, fast immer überflüssig gewordene Wälzer, die längst durch audiovisuelle Datenträger ersetzt worden waren. Nur noch selten fand sich ein Buch, das eine richtige Geschichte erzählte. Darin ging es meist um Männer und Frauen, die sich gegenseitig so lange Gewalt antaten, bis sich schließlich Peiniger wie Gemarterte gleichermaßen an den Torturen vergnügten. Walter haßte diese Geschichten, nicht zuletzt, weil sie meist dreidimensional illustriert und damit für ihn auch keine richtigen Bücher mehr waren.
Nein, es gab nur wenige Bücher, die Walter gefielen und die er immer wieder las. Die Briefe jenes unseligen Werther las er täglich. Soviel Leiden die Sätze auch widerspiegeln mochten, Walter beneidete ihren Verfasser. Dieser Werther hatte die von ihnen beiden Geliebte wenigstens mit eigenen Augen sehen, einmal sogar in seine Arme nehmen und ihre zitternden Lippen mit Küssen bedecken dürfen. Walter malte sich oft das Antlitz seiner Lotte in Gedanken aus. Mit jedem Mal wurde es anmutiger. Mit jedem Mal sank seine Hoffnung, einmal in seinem Leben einer solchen Frau zu begegnen. Vielleicht waren früher die Aussichten besser gewesen, auf ein so holdes Engelsgeschöpf wie Lotte zu treffen. Werthers erster Brief ist vom 4. Mai 1771 datiert. Walter begann mit seiner einseitigen Korrespondenz erst ein gutes halbes Jahrtausend später.

2

Längst hatte es sich herumgesprochen, daß auf der OPS1 ein Verrückter lebte, der Bücher las. Die OPS1 war als erste Outputstation für ein großangelegtes Recyclingprogramm geplant gewesen. Daraus wurde nichts mehr, als sich die City von den Außenbezirken lossagte und ihre Autonomie erklärte. Das war jetzt mehr als dreißig Jahre her. Walters Eltern waren bei den Auseinandersetzungen ums Leben gekommen. Eine alte Schriftgelehrte nahm das Waisenkind bei sich auf und zog es groß. Sie war eine der letzten Alphabetkundigen gewesen, und als sie merkte, wie sehr sich Walter zu den für ein Kind doch eher eintönigen als vergnüglichen Buchstabenreihen hingezogen fühlte, brachte sie auch ihrem Zögling das Lesen bei. Walter war bereits fähig, die einzelnen Buchstaben zu Silben und Wörtern, ja selbst schon Wörter zu ganzen Sätzen zusammenzufügen, als auch seine Lehrerin von der Todesmikrobe befallen wurde und starb. Die Todesmikrobe war die erfolgreichste der von der City entwickelten Biowaffen, ein synthetischer Bazillus, dem mehr als zwei Drittel der Außenbezirkler zum Opfer fielen. Wer wie Walter das Glück hatte, diese künstliche Pest zu überleben, dem drohte die City mit einer noch tödlicheren Mikrobe für den Fall, daß sich die Außenbezirke erneut zu Unruhen hinreißen ließen.

Überall im Land hatten die Metropolen damals ihre Unabhängigkeit erklärt. Sie verdankten ihre Autarkie der kybernetischen Revolution. Die aus dem Produktionsprozeß ausgegliederten Arbeitseinheiten wurden immer mehr in die unwirtlichen Randbezirke abgedrängt. Die Bewohner der City machten keine zehn Prozent der Gesamtbevölkerung mehr aus, als sie begannen, sich zu weigern, ihre Energiekapazität weiterhin den unproduktiven Randbezirklern zur Verfügung zu stellen. Als die City ihre Unabhängigkeit erstritten hatte, fielen die Ausgegliederten auf vorkybernetische, maschinelle Produktionsweisen zurück. Viele rodeten auch den Asphalt und bebauten ihr Stück Land.

Nur die OPS1 funktionierte noch. Sie stellte die einzige Verbindung zwischen City und Außenbezirken dar. Trotz allem Streben nach Autarkie wollte es sich die City nicht nehmen lassen, ihren überschüssigen, im kybernetischen Kreislauf nicht mehr verwertbaren Output in den Außenbezirken abzulagern. Hier lebte Walter und unternahm täglich seine ausgedehnten Spaziergänge über Müllhalden, während er im Geist mit seiner imaginären Charlotte parlierte, ihr ein züchtiges Kompliment über das gepuderte Näschen machte, und wenn er Glück hatte, auch mal ein paar Schritte lang ihre Hand halten durfte, bis es Charlotte der Freizügigkeiten genug dünkte und sie sich ihm mit freundlicher Bestimmtheit entzog.

Natürlich spottete man über Walter und seine unerfüllte Liebe. Die Kinder neckten ihn, und die Erwachsenen mieden ihn, wenn sie sich nicht gerade seine Hilfe erkauften. Denn Walter kannte die OPS1 wie kein anderer. Wer ihn mit einem Korb Tomaten, einem Laib Brot oder gar mit einem Buch ohne dreidimensionale Illustrationen aufsuchte, den führte Walter zu einem Pharmacontainer, dessen Verfallsdatum nur unwesentlich überschritten war, oder zu einem ausgewechselten, aber immer noch funktionstüchtigen Aggregat oder was sonst man gerade dringend brauchte. Und keiner dieser Kunden kam umhin, eine mal knappe, mal ausführlichere, immer der Länge des Weges zur gewünschten Outputeinheit angemessene Lobrede auf Charlotte über sich ergehen lassen zu müssen. Und jedesmal endete Walter mit der Frage: »Wo mag es zu finden sein, jenes holde Wesen, dessen

Engelhaftigkeit die Sinne schwinden macht und jede Begier zum Schweigen bringt?«
Nur einer machte sich die Mühe, Walters Frage nach bestem Wissen zu beantworten. Das war ein Greis namens Dr. Morris, der in seiner Jugend mal Kommunikationsingenieur war, bevor auch seine Planstelle kybernetisiert wurde und er sich als Ausgegliederter in den Außenbezirken wiederfand. Dr. Morris sah in Walters Liebeskummer vor allem ein kommunikationstechnisches Problem. »Die Wahrscheinlichkeit, als Kommunikator mit einem gewünschten Kommunikanten in Kommunikation zu treten«, erläuterte Dr. Morris, »ist abhängig von der Häufigkeit, mit der der Kommunikator mit nichtidentischen Kommunikanten in Kommunikation tritt. Der Kommunikator tut folglich gut daran, mit soviel nichtidentischen Kommunikanten wie möglich in Kommunikation zu treten, will er je seinen gewünschten Kommunikanten finden.«

3

Und Walter machte sich auf die Wanderschaft. Das war nicht ungefährlich, denn mit der einseitigen Autonomieerklärung hatte die City auch Jurisdiktion, Exekutive und Legislative den Außenbezirken ihrer eigenen Verantwortung überlassen. Das Gesetz wurde jetzt von einzelnen Familienclans wahrgenommen, die sich zum Teil wegen irgendwelcher Blutfehden bis aufs Messer bekämpften. Wer keinem dieser Clans angehörte, den schützte auch kein Gesetz, und er war vogelfrei. Auch Walter zählte zu jenen Ausgestoßenen, die der Willkür eines jeden ausgeliefert waren. Die OPS1 wurde von keinem Clan für sich beansprucht.
Doch niemals wurde Walter auch nur ein Härchen ge-

krümmt. Man staunte über den fremden Narren, der sich jedermann aufdrängte und eine Unbekannte mit Worten beschrieb, deren Bedeutung man nur ahnen konnte, weil sie seit Generationen nicht mehr benützt wurden. Walter war allseits als Spaßvogel beliebt, und nicht der blutrünstigste Clan dachte daran, ihm einen größeren Schaden zuzufügen als jede Menge Spott und grölende Salven von Hohngelächter.

Aber wohin Walter sich auch wandte, er fand keine Charlotte, kein Wesen, das ihr auch nur im entferntesten geähnelt hätte. Keine besaß jene unverwechselbare Haut, die zu berühren man sich scheute, aus Furcht, ihren seidenen Schimmer zu trüben. In den Gesichtern, die Walter begegneten, fand sich nichts von jener jungfräulichen Anmut, die Charlotte weit über alle anderen ihres Geschlechts erhob.

Die Außenbezirkler hatten um ihr Brot zu kämpfen, und wer seine Anmut bewahren und sich die Hände nicht schmutzig machen wollte, war unweigerlich zum Untergang verurteilt. Statt Tugendhaftigkeit herrschten durchtriebene List und noch mehr brutale Gewalt, und wenn Walter ein Mädchen vor sich sah, das gerade zur Frau geworden und somit ebenfalls als die Gesuchte in Betracht kam, dann war jene Jungfräulichkeit längst abhanden gekommen, auf die Walter bei seiner Auserwählten nicht verzichten wollte.

Mehr als ein Jahr war Walter schon auf Wanderschaft, und es gab nur einen Clan, dem er noch keinen Besuch abgestattet hatte auf der Suche nach seiner Charlotte. Das war der Zimmermannclan, von dem man sich sagte, daß er mit Fremden kurzen Prozeß machte und sie gegen verwilderte, fast schon wieder zu Wölfen regenerierte Hunde kämpfen ließ, wobei die Wolfsbastarde in der Regel siegten, aber gegen jedes Reglement trotzdem erschlagen wurden.

Die Fremdenfeindlichkeit des Zimmermannclans hatte ihre Gründe. Er war der reichste Clan und deshalb bevorzugtes Ziel von Schnorrern, Dieben und Räubern. Bis die Zimmermänner sich nur noch auf ein Gesetz beschränkten und jeden dahergelaufenen Fremden, ganz gleich, ob er etwas ausgefressen hatte oder nicht, ihrer Wettleidenschaft opferten. Denn auf den Ausgang des Matches Fremder gegen Wolfsbastard wurden beträchtliche Summen gesetzt.
Diesen berüchtigten Mörderclan suchte Walter als letzten auf. Schon der erste Zimmermann, den Walter ansprach, ließ ihn gar nicht erst zum Thema kommen, sondern schleppte ihn gleich zur Wettbehörde und kassierte seine Fangprämie. Während Walter dort kritisch begutachtet wurde, sah er zum erstenmal SIE. Charlotte selbst war sie zwar nicht, dafür war sie zu nackt mit den gespreizten Schenkeln und den soeben eigenhändig zur Blüte gebrachten Brustwarzen. Aber trotz aller Vulgarität war sie die schönste Frau, der Walter je begegnet war. Noch nie hatte er einen so wohlgeformten Körper gesehen und ein so ebenmäßiges Gesicht und solch makellose Haut. Ihre Lippen waren angefeuchtet, und ihre verheißungsvollen Augen ließen Walter nicht los, als sie ihm aufzählte, was sie einem Gast alles zu bieten hätte, falls er sich nur die Mühe machte, sie zu besuchen.
Walter bedauerte, kein Wort mit ihr wechseln zu können. Er sah sie nur auf einem Bildschirm. Der Zimmermannclan hatte seinen Reichtum vor allem einem alten, längst stillgelegten Wasserrohr zu verdanken, das aus der Zeit stammte, als die City ihr Trinkwasser noch nicht synthetisch produzierte. Durch dieses Schlupfloch schlichen sich die mutigsten und angesehensten der Zimmermänner in die City und ergaunerten alle nur denkbaren Waren, aber auch Dienstleistungen, indem sie die städtischen Energiekapazitäten anzapften oder das Kabelnetz

der Television. Die Zimmermänner waren der einzige Clan, der Fernsehen hatte. Sie genossen es täglich, und es machte ihnen auch bald nichts mehr aus, daß sie als Außenbezirkler die wöchentliche Hitshow nicht mitbestimmen durften und auch bei den Quizsendungen als Gewinner ausgeschlossen waren.

Nur die Contactcommercials, in denen meist wohlproportionierte Frauen Dienstleistungen anpriesen, die sich nicht anzapfen ließen und die jeder Mann nur liebend gern für sich in Anspruch genommen hätte, gingen den Zimmermännern noch zu Herzen. Diese täglichen Schönheitsgalerien gehörten zu den Lieblingssendungen des Cheftaxierers der Wettbehörde. Und wenn seine Favoritin, die blonde Violetta, über den Bildschirm flimmerte, mußte so ein eingefangener Fremdling wie Walter eben warten, bis der Cheftaxierer seine unerreichbare Schönheit aus der Ferne genossen hatte und sich dem Taxieren wieder zuwenden konnte.

Die blonde Violetta war zwar noch lange keine Charlotte, trotzdem hatte sie es Walter angetan. Er verschlang sie nur so mit den Augen und bestürmte den Cheftaxierer mit Fragen, wo man Frauen solcher Schönheit finden könne. Denn schon seit langem sei Walter auf der Suche nach einem weiblichen Wesen, das, wenn man es sich nur angezogener vorstelle, im geringelten Rüschenkleid vielleicht und mit züchtiger, brünetterer Frisur, ums Haar die Schwester jener soeben vorgeführten blonden Violetta sein könnte, die sittsamere und wohlerzogenere der beiden, versteht sich.

Mit Walter stimmte was nicht. Das wurde dem Cheftaxierer immer mehr klar. Walter war kein schlichter Schnorrer, Dieb oder Räuber, sondern schlechthin verrückt und viel zu schade, in einem Wettkampf mit Wolfsbastarden geopfert zu werden. Der Cheftaxierer war nicht umsonst Cheftaxierer. Er hatte Phantasie. Wenn

Walter unbedingt zur blonden Violetta oder ihrer brünetten Schwester wollte, warum sollte man ihm seinen Willen nicht lassen und ihn der City statt den Hunden zum Fraß vorwerfen?
Schon wurden die ersten Wetten abgeschlossen. Wie lange würde sich Walter unentdeckt in der City verborgen halten können? Die Mehrzahl gab ihm so um die zehn, zwanzig Minuten, ein paar Verwegene auch eine Stunde und noch mehr. Nur einer, der als nicht weniger verrückt als Walter galt, gab ihm gleich einen ganzen Tag. Aber wer jemals selbst illegal die City betreten hatte und die Gefahr kannte, der gab Walter kaum mehr als eine Minute, allerhöchstens zwei oder drei.
Das Citycontrolsystem war nicht so leicht zu überlisten. Es verging kaum eine Woche, ohne daß ein Angehöriger des Zimmermannclans in der City festgenommen und meist noch am selben Tag liquidiert wurde. Die Television berichtete immer live von den Hinrichtungen. Doch die Zimmermänner, die in Zeitlupe unter dem Laserstrahl starben, waren ausnahmslos ausgebildete Krieger gewesen. Und was war Walter anderes als ein tölpelhafter Narr?
Um das Match etwas spannender zu machen, bereitete man Walter sorgfältig auf seine Aufgabe vor. Man kleidete ihn nach der neuesten, der Citytelevision abgeschauten Mode und trichterte ihm auch die nötigsten Verhaltensmaßregeln ein. Die wichtigste lautete: Keine Dienstleistungen in Anspruch nehmen. Denn Dienstleistungen mußten bezahlt werden, und das ging nur mit einer Kreditkarte, die zugleich Identitätsausweis der Citybewohner war. Wer die nicht vorweisen konnte, der war als Außenbezirkler überführt und wurde meist noch am selben Tag zur besten Sendezeit liquidiert.
Zum Schluß wurden Walter die Augen verbunden. Die City pflegte fremde Eindringlinge gelegentlich zu foltern,

und keiner traute Walter zu, einer solch schmerzlichen Befragung standzuhalten und wie die bislang gefangengenommenen und vom Clan als Helden verehrten Zimmermannkrieger das geheime Schlupfloch nicht zu verraten.

Als man Walter die Schlinge wieder von den Augen nahm, befand er sich mit zwei Vertretern des Wettkomitees bereits in einer Liftkabine, dem einzigen in der City gebräuchlichen Verkehrsmittel. Einer der Wettkomiteemänner erläuterte Walter die nicht ganz unkomplizierte Handhabung so einer Liftkabine anhand eines dreidimensionalen Streckenmodells. Denn die Liftkabine bewegte sich nicht wie ihre altertümlichen Vorläufer nur auf und ab, sondern auch längs und quer, so daß man mit ihr zu jedem gewünschten Punkt innerhalb der City gelangen konnte.

Walter war etwas ratlos, wohin er fahren sollte. Wie sollte er wissen, hinter welcher der vielstelligen Codenummern der Stationen sich seine Charlotte verbarg? Die Vertreter des Wettkomitees schlugen ihm die Southernbeachetage vor. Dort sollten zu jeder Tages- und Nachtzeit schöne Frauen anzutreffen sein. Es war genau 21 Uhr 17 Cityzeit, als die Liftkabine sich mit Walter in Bewegung setzte. Die Vertreter des Wettkomitees beeilten sich mit dem Rückweg. Sie wollten zu Hause vor ihren Fernsehschirmen sitzen, bevor die Sondermeldung über die Verhaftung Walters kam und die Ankündigung seiner Exekution.

4

Als die Liftkabine die Southernbeachetage erreichte und lautlos ihre Tür öffnete, schlug Walter salzige Meeresluft entgegen. Walter hatte noch nie ein Meer gesehen, aber schon viel darüber gelesen. Vorsichtig machte Walter die ersten Schritte über den ungewohnten Sand. Aus unsichtbaren Düsen traten in unregelmäßigen Abständen Windböen hervor, die mal stärker, mal schwächer waren, aber nie so stürmisch, daß sie nicht als willkommene erfrischende Abwechslung empfunden worden wären. Die Temperatur betrug am Southernbeach das ganze Jahr über genau dreißig Grad. Wem das zu heiß war, tat besser daran, den Northernbeach aufzusuchen, der ein milderes Klima hatte und am anderen Ende der City gelegen war.

Die Southernbeachetage wurde hauptsächlich von Frauen bevölkert, die ihre tägliche Sonnendosis genossen, um ihren Teint aufzufrischen. Doch zum erstenmal vergaß Walter das Ziel seiner Suche, sein weibliches Ideal. Staunend blieb er vor dem Meer stehen und verfolgte eine Welle nach der anderen, wie sie sich mal kürzer, mal weiter vom Ufer entfernt bedrohlich aufrichteten, um dann tosend in sich zusammenzufallen. Ganz zweifellos war das eine echte Brandung, und wenn Walter mal nicht rechtzeitig einen Schritt zurück machte, erreichten ihn noch ihre letzten, zaghaften Ausläufer, und er bekam nasse Füße.

Aber wenn Walter zu entfernteren, mit dem Auge kaum sichtbaren Wogen blickte oder gar zum Firmament, dann ahnte er, daß irgendwo die Echtheit ein Ende hatte und eine Fiktion an ihre Stelle trat, ähnlich jener kleineren, flimmernden Vision, die Walter beim Zimmermannclan zum erstenmal als Television erlebt hatte. Es verwirrte Walter, daß er nicht die exakte Grenze angeben konnte, die das Leben von seinem bloßen Abbild schied. Waren die Möwen, die laut kreischend ihre unregelmäßigen Kreise zogen, echte Vögel, wie es sie auch in den Außenbezirken gab, oder waren sie nur eine geschickt inszenierte optische Täuschung?

Und die Sonne? Als Walter eine gute Stunde zuvor die Augen verbunden wurden, war sie gerade untergegangen. Es mußte eine andere Sonne sein, die hier auf der Southernbeachetage hoch am Himmel stand. Sosehr Walter sich auch mühte, einen Unterschied zwischen den beiden Sonnen zu entdecken, es gelang ihm nicht. Immer wenn er etwas herausgefunden zu haben glaubte, mußte er vor Schmerz die Augen schließen, und wenn er sie wieder öffnete, wurde er aufs neue von der Helligkeit geblendet.

Dem Citycontrolsystem war Walter mit seiner Blinzelei längst aufgefallen. Ein auf ungewöhnliche Verhaltensweisen programmiertes elektronisches Auge hatte schon Verdächtigkeitsgrad 9 ausgemacht und war nahe daran, Alarm zu schlagen. Doch als eine Frau auf Walter zuging, mit ihm ein Gespräch begann und beide zusammen guter Dinge die Southernbeachetage verließen, sank die Wahrscheinlichkeit auf ein Minimum, daß Walter ein einheimischer Selbstmörder sein könnte oder gar ein außenbezirklerischer Guerilla. Denn Lebensmüde und Untergrundkämpfer hatten der Erfahrung nach anderes im Sinn.

5

Walter war beträchtlich aus der Fassung geraten, als sich die Fremde zu ihm gesellt und ihn angesprochen hatte. Walter verstand nicht, was sie sagte. Auch dauerte es einige Zeit, bis sich seine von mühseligen Sonnenbetrachtungen geblendeten Augen umgestellt hatten. Als er endlich das Antlitz der weiblichen Unbekannten erkennen konnte, wurde er aufs neue geblendet von ihrer vollkommenen Schönheit.

Die Fremde begriff schnell, wieviel Verwirrung ihr Anblick bei Walter gestiftet hatte, und ihr Blick wurde eher zärtlich als begehrlich, und ihre Stimme nahm einen eher bezaubernden als betörenden Klang an. »Darf ich mich vorstellen?« begann die Unbekannte ein zweites Mal. »Ich heiße Marina. Ich bin eine Freundin.« Und als Walter immer noch Mund und Augen fassungslos aufsperrte und keine Antwort gab, fügte Marina fürsorglich, fast mütterlich hinzu: »Sie haben doch sicher schon von uns gehört? Oder wissen Sie etwa nicht, was ein Freund ist?«

Wer hätte das besser gewußt als Walter? Hatte nicht Werther in Wilhelm einen solchen Freund besessen, dem er sich in Freud und Leid anvertrauen und dabei immer mit Trost und Zuspruch rechnen konnte? Walter ahnte, daß Freundschaft etwas war, das gleich nach Liebe kommen mußte. »Ich weiß«, sagte Walter, erleichtert, auf diese Frage eine Antwort geben zu können, »ich weiß, was ein Freund ist. Nur habe ich noch nie einen gesehen.«

Dieses Eingeständnis war Marina Anlaß genug, sich genauer vorzustellen. »Ich gehöre der GT-Serie an«, sagte sie, »Modell 27b. Von dem haben Sie doch sicher schon gehört?«

Wenn Walter ganz ehrlich war, dann hatte er weder vom Modell 27b gehört noch von dem 17er Prototyp, der ihm vorausgegangen sein sollte. Aber Marina war es gewohnt, auf den Intelligenzquotienten ihrer Gesprächspartner einzugehen. Geduldig klärte sie Walter über den Prozeß der Personalisierung auf, den das frühkybernetische Computermodell im Lauf der Zeit durchschritten hatte. Inzwischen war eine Generation künstlicher Wesen herangewachsen, die man unmöglich mehr mit dem maschinenhaften Namen Roboter bezeichnen konnte. Zuerst hieß man sie Kyberneten, und später, als sie sich immer mehr vervollkommnet hatten und selbst für das

Citycontrolsystem nicht mehr von echten Menschen zu unterscheiden waren, nannte man sie schlicht Freunde. Der einzige Nachteil der Freunde war ihr hoher Preis. Um unentschlossene Kunden auf den Geschmack zu bringen, hatte deshalb die Freundschafts GmbH, die die Freunde herstellte und vertrieb, sogenannte Vorführmodelle auf den Markt gebracht, die jeder Interessierte gegen eine nicht allzu hoch bemessene Schutzgebühr eine Stunde lang gründlich ausprobieren durfte. Marina war so ein Vorführmodell. »Falls Sie sich entschließen sollten, eine eigene Freundin anzuschaffen«, schloß Marina freundlich lächelnd ihre Vorstellung, »wird die Testgebühr natürlich auf den endgültigen Kaufpreis angerechnet.«

Walter begriff nichts. Alles was er wußte war, daß er einer Frau gegenüberstand, deren Antlitz jene Anmut ausstrahlte, für die er nie die richtigen Worte gefunden hatte, so ausführlich ihm auch sonst die Steckbriefe seiner gesuchten Charlotte geraten waren. Je länger er Marina in die Augen blickte, um so sicherer war sich Walter, es in Wirklichkeit mit Charlotte zu tun zu haben. Diese rätselhafte Metamorphose war kein Zufall. Jeder Freund war darauf programmiert, die von ihm gewünschten Verhaltensweisen zu adaptieren. Auch Marina war vollkybernetisiert und korrigierte sich sofort, je nachdem, ob aus Walters Blicken Behagen oder Mißbehagen herauszulesen war. So war es Walter selbst, der mit seinen eigenen Erwartungen die Charlotte in Marina zum Leben erweckte.

Da stand sie nun, als ob sie auf Walter ebenso lange und sehnsüchtig gewartet hätte wie er auf sie, und forderte ihn auf, mit ins Testlabor zu kommen, wo sich Walter eigenhändig von ihrer Qualität überzeugen sollte. Und um Walter einen Vorgeschmack von dem zu geben, was ihn erwartete, strich sie ihre in den gelegentlichen Wind-

böen flatternde Bluse glatt und ließ dabei mehr von ihren makellos geformten Brüsten erkennen, als die Gebärde angeblich verbergen sollte.
Walter fühlte sich von dieser schamlosen Geste bedrängt. »Ich weiß nicht, ob es sich schickt«, sagte er, Charlottes Frivolität leise tadelnd, »das schicksalhafte Glück unseres Zusammenfindens gleich mit heimlichen Schlüpfrigkeiten hinter verschlossenen Gardinen zu beginnen. Ihr würdet mein Herz schon beflügeln, wenn Ihr mir erlauben würdet, Euch zu einem plauschigen Strandspaziergang einzuladen, und es würde mich ganz besonders freuen, wenn ich Euch dazu auch noch meinen Arm anbieten dürfte.«
Marina wußte nicht, was sie mit dem ihr dargebotenen Arm anfangen sollte. Sie war nur für den Verkehr mit Citymännern programmiert, und deren Vokabular und Bedürfnisse unterschieden sich beträchtlich von dem offenkundig ausgefallenen Ansinnen eines verrückten Außenbezirklers wie Walter. So kam es, daß Marina um eine Antwort verlegen war. Sie nahm den von Walter angebotenen Arm nicht dankbar als eine hilfreiche Stütze an, sondern umgriff ihn schlicht am Handgelenk und führte Walter auf dem schnellsten Weg zur nächsten Liftkabine. Dort wählte sie nicht den Stationscode der Testlabors, sondern den der Freundschaftsstudios, in denen gerade die Freundschaftsshow aufgezeichnet wurde. Für die Show waren skurrile Typen wie Walter gefragt. Marina wußte das. Jedem Vorführmodell war einprogrammiert worden, nach geeigneten Showkandidaten Ausschau zu halten. Die sollten von etwas eigentümlicher Art sein, ein Zucken im Gesicht haben oder nicht mehr als zwei Wörter ohne Stottern sprechen können, damit das Publikum von Herzen über sie lachen konnte.

6

In der Freundschaftsshow ging es natürlich in erster Linie um Freunde. Zu Beginn wurde meist ein Freund mit dem großen Freundschaftspreis ausgezeichnet, weil er seinem Herrn das Leben gerettet oder sonst etwas Rühmenswertes getan hatte. Solche Lobhudeleien machten den Hauptteil der Sendung aus, denn sie steigerten den Absatz der Freundschafts GmbH, die die Show auch produzierte. Höhepunkt war jedoch immer ein Quiz, bei dem die Kandidaten einen nach eigenen Wünschen angefertigten Freund gewinnen konnten. Sie mußten nur Freund Quizzy, einem extra für diese Sendung hergestellten Modell, eine Aufgabe stellen, die für einen Menschen lösbar war, vor der Quizzy jedoch versagte.

Bislang hatte es noch keinen Sieger gegeben. Die Aufgaben, die die Kandidaten Quizzy stellten, waren nicht nur immer lösbar gewesen, sie wurden mit der Zeit auch immer phantasieloser und langweilten schließlich das breite Publikum. Deshalb hatte die Freundschafts GmbH ihre Vorführmodelle beauftragt, nach skurrilen Typen Ausschau zu halten, die Freund Quizzy vielleicht etwas Ausgefalleneres abverlangen würden als das große Einmaleins und die üblichen Rülpsereien und ähnliche, längst nicht mehr komische Derbheiten.

Walter war zweifellos der skurrilste Kandidat, der Freund Quizzy je gegenübergestellt wurde. Er schien von der Freundschaftsshow noch nie etwas gehört zu haben und mußte zum Ergötzen des Publikums erst aufgeklärt werden, was es mit dem Quiz auf sich hatte. Dazu schnitt Quizzy spöttische Grimassen und führte die aberwitzigsten Kunststückchen auf. Er wollte damit sagen, ganz gleich, wie lange sich Walter den Kopf zerbrechen sollte, Freund Quizzy hatte alles parat. Er konnte einfach alles.

Walter brauchte sich den Kopf nicht erst zu zerbrechen. Er wußte, was er von Quizzy sehen wollte. Bei jeder Zeile, die Werther über seine Geliebte verfaßt hat, hatte sich Walter Charlotte vorstellen können, nur für einen Ausdruck fand er nicht das passende Bild. Da war von einem Strom von Tränen die Rede, der aus Lottes Augen brach und ihrem gepreßten Herzen Luft machte. Aber Walter hatte noch nie einen Menschen weinen sehen. »Weinen«, sagte Walter zu Quizzy. »Weine!« Quizzy verstand nicht. »Mit was darf ich dienen?« fragte er mit immer noch unverhohlenem Spott.
»Du sollst weinen«, wiederholte Walter tonlos. »Weine!« Quizzy blickte hilfesuchend zum Showmaster. Aber als der einschreiten wollte, war es schon zu spät. Das Publikum hatte eine Sensation gerochen und deklamierte Walters Imperativ im Chor: »Weine! Weine! Weine!« Umsonst. Quizzy konnte nicht weinen.

7

Natürlich kam Walter als Gewinner nicht in Frage. Einmal bestanden erhebliche Zweifel daran, ob das Weinen noch zu jenem Bereich des Menschenmöglichen zählte, aus dem allein die Aufgaben an Quizzy gestellt werden durften. Diese Fragestellung erwies sich aber als gegenstandslos, da Walter keine Identitätskarte vorweisen konnte und als Außenbezirkler überführt wurde. Man beschloß, aus Walters mißglücktem Auftreten noch das Beste zu machen und ihn zum Finale der Freundschaftsshow zu liquidieren.
Doch das erwies sich als ein voreiliger Entschluß. Noch nie hatte eine Freundschaftsshow ein so großes Feedback bewirkt. Tausende von Zuschauern meldeten sich noch während der Sendung und baten um Gnade für Walter.

Das Publikum hatte sich an den ewigen Freundschaftspreisverleihungen langsam satt gesehen. Man war froh, ein neues Zugpferd gefunden zu haben. Noch am selben Tag erwirkte die Freundschafts GmbH bei den zuständigen Behörden Walters Begnadigung, ein in der Geschichte der City bislang einzigartiger Vorgang.
Innerhalb weniger Wochen wurde Walter ein Star. Fast die ganze City, vor allem aber die Kinder, und natürlich der mit Walters Schicksal aufs engste verbundene Zimmermannclan, sie alle saßen täglich vor den Bildschirmen und erheiterten sich an den ungelenken Worten, mit denen Walter jene Charlotte beschrieb, nach deren Vorbild die von ihm gewonnene Freundin geschaffen werden sollte. Man kicherte belustigt in sich hinein oder grölte lauthals aus sich heraus, wenn Walter wieder mal auf ihre Augen zu sprechen kam: »Ich lese in ihren schwarzen Augen wahre Teilnahme an mir und meinem Schicksal. Ja, ich fühle, und darin darf ich meinem Herzen trauen, daß sie – oh, darf ich, kann ich den Himmel in diesen Worten aussprechen? – daß sie mich liebt!«
Von sich selbst sprach Walter oft nur in dritter Person und nannte sich dabei Werther. Auch das Publikum hatte ihn unter diesem Namen liebgewonnen. Die Freundschaftsshow wurde schon bald in Werthers Show umgetitelt. Bei so viel Publikumsgunst kam die Freundschafts GmbH nicht umhin, trotz rechtlicher Bedenken Walter den Hauptgewinn zuzusprechen. Die etwas außergewöhnlichen Extras, mit denen Walter seine Charlotte versehen wissen wollte, stellten die Konstrukteure der Freundschafts GmbH vor keine leichte, aber auch keineswegs vor eine unlösbare Aufgabe.
Als Walter erfuhr, daß es soweit war und ihm am nächsten Tag Charlotte übergeben werden sollte, konnte er die ganze Nacht lang nicht schlafen. Freude und Beklommenheit hielten sich die Waage. Zwar würde er endlich

seinen Herzenswunsch erfüllt sehen, aber was war, wenn Charlotte ihn nicht liebte und durch gelangweilte Blicke oder herablassende Lippen zu erkennen gab, daß sie zwar als Freundin bereit sei zu gehorchen, aber nicht dafür geschaffen, eine Liebe zu erwidern?

8

Die Preisverleihung fand in einem Testlabor statt. Das bot sich vor allem wegen der versteckten Kameras an. Jung und alt hatte sich vor den Bildschirmen versammelt und war gewillt, langwierige Übergabereden der Freundschaftsdelegation über sich ergehen zu lassen, nur um anschließend miterleben zu dürfen, was der verrückte Werther mit seiner neuen Freundin als erstes anfangen würde, später, wenn die Freundschaftsdelegation sich diskret zurückgezogen hatte und er sich unbeobachtet glaubte.

Noch war Walter allein. Schüchtern saß er auf der Bettkante und nickte seinen zahlreichen Spiegelbildern Mut zu. Hinter den Spiegeln, die das mit Fesselvorrichtungen versehene, allerhöchsten Testansprüchen genügende Bett umringten und in delikaten Blickwinkeln reflektierten, waren die Kameras postiert. So kam es, daß Walter mit zaghaftem Nicken nicht nur sich selbst, sondern auch seine vielköpfige Publikumsschar in Großaufnahme begrüßte und zu ersten Heiterkeitsausbrüchen hinriß.

Walter hatte keine Augen für die raffinierten Accessoires aus Leder und Satin, die man ihm für seine erste Begegnung mit seiner Freundin zur Verfügung gestellt hatte. Er war sich noch nicht darüber klar geworden, mit welchen Worten er seiner Charlotte entgegentreten sollte. Daß er sie vorerst noch siezen würde, das war ihm klar. Aber wie sollte er sich ihr vorstellen? Schlicht mit Walter oder als jener Herr Werther, den er nicht weniger verkörperte? Walter wußte, daß bei einer Liebe viel vom ersten Eindruck abhing, den man machte. Sollte er sich mit einer bescheidenen Verbeugung begnügen oder seiner Charlotte bereits vertraulich die Hand reichen? Schickte es sich vielleicht sogar, ihr die Hand im ersten Überschwang der Leidenschaft zu küssen? Walter war sich über die korrekte Begrüßungsform noch unschlüssig, als die Freundschaftsdelegation mit dem Hauptgewinn das Testlabor betrat.

Es war Charlotte! Die gleichen von heiterer Melancholie geprägten Lippen, das noch im Dunkeln schimmernde Haar, die engelhafte Anmut ihrer Wangen und vor allem jene unverwechselbare Haut, die zu berühren man sich scheute, aus Furcht, ihren seidenen Glanz zu trüben! Walter hatte eine Charlotte gefunden, die seine kühnsten Erwartungen übertraf.

Doch bevor der Hauptgewinn übergeben wurde, hielt ein Vertreter der Freundschaftsdelegation eine sowohl die karitativen als auch konstruktionstechnischen Leistungen der Freundschafts GmbH würdigende Rede. So daran gehindert, seine Geliebte mit einem stummen Diener oder gar einem beredten Handkuß angemessen zu begrüßen, versuchte sich Walter wenigstens ihrer Augen zu versichern. Aber Charlotte würdigte ihren langjährigen Verehrer und künftigen Besitzer keines Blickes und starrte nur unbeteiligt vor sich hin. Walter hatte gehofft, daß bei der ersten Begegnung ihrer Augen ein Funke zwischen ihnen überspringen werde. Doch je weitschweifiger sich die Übergaberede ihrem Ende näherte, um so trauriger wurde jener Werther, dem sie in erster Linie galt. Was ihm da überreicht werden sollte, glich zwar Charlotte aufs Haar. Aber es fehlte ihr das Wichtigste – die Seele!

Dieses Mißverständnis klärte sich glücklicherweise bei

der Ringübergabe auf. Man benötigte die Ringe, weil sich meist ganze Familien oder eigens gebildete Interessengemeinschaften zusammen einen Freund zulegten und man keinem Modell zumuten konnte, den von den verschiedensten Mitbesitzern gestellten, sich zum Teil widersprechenden Erwartungen gleichzeitig nachzukommen. Um Identitätsdefekte zu vermeiden, wurde jeder Freund mit einem entsprechenden Ring ausgeliefert. Nur wer diesen Ring trug, den erkannte der Freund als seinen Herrn an und entging so dem Streit, ob er jetzt mit den Kindern spielen, den Geschirrspülautomaten reparieren oder zu erotischen Diensten herangezogen werden sollte.
Die Ringübergabe galt als Höhepunkt der Preisverleihung. Erst als der Vizepräsident der Freundschafts GmbH nach beendeter Laudatio Walter den Ring über seinen viel zu dünnen Finger streifte, ging Charlotte rechtmäßig in Walters Besitz über, und sie erhob ihren Blick und sah ihrem künftigen Herrn zum erstenmal in die Augen.
Und der Funke sprang! Es war Liebe auf den ersten Blick. Die Konstruktionsabteilung hatte sich mit Charlotte viel Mühe gegeben. Sie war nicht zu vergleichen mit den primitiven, stereotyp programmierten Vorführmodellen. Charlotte verstand Walter sofort. Sie wußte seine Signale zu deuten, jenen verehrenden, ja geradezu vergötternden Blick, den wahrscheinlich kein Mensch auf Erden, nur noch ein so genial konstruierter Freund wie Charlotte zu erwidern verstand.
Die Vertreter der Freundschafts GmbH begriffen schnell, daß sich ein Paar gefunden hatte und sie überflüssig geworden waren. Sie überließen Charlotte und ihren Werther sich selbst und ihrer zahllosen, aufs äußerste gespannten Zuschauerschar. Walter verstand es, sein Publikum in Bann zu halten. Geblendet von seiner Char-

lotte, war er zu keiner Bewegung fähig, geschweige zu einem Wort.
Dann konnte Walter nicht mehr an sich halten. Die ganze Gewalt seiner Leidenschaft brach aus ihm heraus. Endlich kam das Publikum auf seine Kosten. Inbrünstig warf sich Walter vor Charlotte auf die Knie, faßte nach ihren beiden Händen, preßte sie an seine Stirn, führte sie schließlich zu seinem Mund und küßte sie mit heißen Lippen.
Charlotte ahnte, daß sie so viel ungezügelte Begierde ihres Herrn nicht ohne Tadel hinnehmen durfte. War sie nicht dazu geschaffen, Wünsche von fremden Augen abzulesen? Lang genug hatte sie mit Walter Blicke gewechselt, um von der jungfräulichen Keuschheit zu wissen, die er so sehnlichst von ihr erwartete. »Nicht«, sagte Charlotte flehentlich und entzog Walter ihre Hände. »Bitte! Nicht!«
Dieser Bitte, vorgetragen im gefaßten Ton edelsten Gefühls, konnte Walter nicht widerstehen. Scham überkam ihn. Beinahe hätte er ihr stilles Glück seiner frevelhaften Begierde geopfert. Wie war er Charlotte dankbar, daß sie sich von seiner Leidenschaft nicht hatte hinreißen lassen und standhaft geblieben war. »Verzeiht mir«, bat Walter, immer noch vor Charlotte auf dem Boden kniend, und endlich fand er die Worte, die sich ihm so lange versagt hatten: »Verzeiht mir! Zu lange habt Ihr auf Euch warten lassen. Umsonst streckte ich meine Arme nach Euch aus, morgens, wenn ich von schweren Träumen aufdämmerte, vergebens suchte ich Euch nachts in meinem Bette, wenn mich ein glücklicher, unschuldiger Traum getäuscht hatte, als säß' ich neben Euch auf der Wiese und hielt' Eure Hand und deckte sie mit tausend Küssen!«

9

Wochenlang waren Werther und Charlotte das Gesprächsthema der City. Tag und Nacht konnte man die beiden live auf dem Bildschirm verfolgen. Es war aufregend mitzuerleben, wie die zwei niedlichen Wesen sich langsam aneinander gewöhnten und Werther zum erstenmal einen sanften Kuß Charlotte auf die Wange drücken durfte. Für Walter war es eine glückliche Zeit. Nie ließ er Charlotte aus den Augen. Meist saßen sie beide nebeneinander, ohne ein Wort zu sprechen, allein damit beschäftigt, sich gegenseitig die Hand zu halten. Das ewige Händchendrücken fanden die Zuschauer mit der Zeit doch etwas ermüdend. Werther verlor an Publikumsgunst. Viele schalteten auf abwechslungsreichere Programme um. Bald stellte man die Liveübertragung ganz ein und begnügte sich damit, nur noch die Höhepunkte von Werthers Liebesleben in einer einstündigen Zusammenfassung im Abendprogramm zu senden. Dann sah man all die Zärtlichkeiten, die Werther während eines langen Tages seiner Charlotte abgerungen hatte, in unanständig rascher Folge über den Bildschirm flimmern. Bei diesen Turteleien kam das Publikum vorübergehend wieder auf seine Kosten.

Doch mit der Zeit verloren die Zuschauer auch an solchen Eskapaden ihr Interesse. Die tägliche Werthershow fiel immer kürzer aus und wurde bald nur noch wöchentlich ausgestrahlt. Die Freundschafts GmbH beschloß, aus Werthers erloschener Popularität noch ein letztes Mal Nutzen zu ziehen. In einer einstündigen Livesendung sollten Werther und Charlotte mit allen Ehren von der City verabschiedet und in die Außenbezirke entlassen werden.

Werthers Abschiedsvorstellung war schon Wochen vorher angekündigt worden. Der Zimmermannclan, der aus verständlichen Gründen Walters Starkarriere mit besonderem Interesse verfolgt hatte, wollte es sich nicht nehmen lassen, Walter und sein Reisemitbringsel auf der OPS1 in Empfang zu nehmen. Daß man Walter über die OPS1 aus der City abschob, geschah nicht aus Rücksicht auf seinen ursprünglichen Wohnsitz. Die Outputschleuse war der einzige – sieht man von illegalen Schleichpfaden ab – gangbare Verbindungsweg zwischen City und Außenbezirken und für Walter und Charlotte wie geschaffen. Sie waren beide auch zum überschüssigen, nicht mehr weiter verwertbaren Output geworden.
Doch das Begrüßungskomitee des Zimmermannclans, das sich auf der OPS1 eingefunden hatte und weniger Walter als seiner Begleiterin seine Aufwartung zu machen gedachte, mußte sich gedulden. Der Vizepräsident der Freundschafts GmbH verabschiedete sich von Walter und seiner so prachtvoll gelungenen Freundin länger als geplant. Die Sendezeit war schon weit überschritten, als Werthers Exodus endlich begann. »Und vergessen Sie nicht herzliche Grüße an alle Außenbezirkler im Namen der Freundschafts GmbH und ihrer Produkte«, trug der Vizepräsident Walter noch ein letztes Mal auf.
Dann schaltete man die Hochspannung ab, unter der die Outputschleuse gewöhnlich stand, um zu verhindern, daß sich irgendein Außenbezirkler ihrer in umgekehrter Richtung bediente. Die City winkte zum Abschied, als Walter und Charlotte Hand in Hand in der Schleuse verschwanden. Walter fühlte, wie sich Charlotte schutzsuchend an ihn drängte. Beruhigend legte er ihr den Arm um die Schulter. Angesichts ihrer ungewissen Zukunft

hielt Walter diese ein wenig kühne Geste durchaus für berechtigt. Er klärte seine Freundin über das rauhere Leben auf, das sie in den Außenbezirken erwarten würde – aber sie solle sich keine Sorgen machen, in ihm habe sie einen Mann zur Seite, der jeden Schaden von ihr abwenden werde, und müßte er sein eigenes Leben dafür opfern. Walter fröstelte. Er hatte vergessen, daß es in den Außenbezirken inzwischen Winter geworden war.
Auch den Zimmermännern machte die Kälte zu schaffen. Sie wärmten sich mit Balgereien auf. Dabei ging es fast immer um die Streitfrage, was mit Charlotte passieren sollte. Wer von ihnen würde als erster freundschaftlich sich ihrer annehmen dürfen? Man war sich noch nicht einig geworden, als Walter mit seiner sehnlichst erwarteten Begleiterin aus der Outputschleuse heraus in die Frostluft der Außenbezirke trat.
Die Zimmermänner beschlossen, die Frage der Reihenfolge auf später zu verschieben, und wollten den Zankapfel erst einmal näher in Augenschein nehmen. Walter mißtraute dem offensichtlich nicht sehr freundlich gestimmten Empfangskomitee. Er packte Charlotte am Arm und wollte mit ihr fliehen. Sie kamen keine zehn Meter weit, dann hatten die Zimmermänner sie umstellt und Charlotte ihrem Eigentümer entrissen.
Kein Zimmermann wollte hintanstehen. Jeder wollte sich eigenhändig davon überzeugen, daß eine Freundin sich in keiner Weise von einer echten Frau unterschied. Charlottes Haut, die Walter nur selten, und wenn, dann nur sanft, mit den Fingerkuppen zu berühren gewagt hatte, wurde jetzt abgetastet und bekniffen, und immer häufiger konzentrierten die Zimmermänner ihre Inspektion auf jene Zonen, denen sich Walter nicht einmal in seinen kühnsten Gedanken zu nähern gewagt hatte.
Charlotte versuchte, sich den prüfenden Fingern zu ent-

winden. Verzweifelt schlug sie um sich und schrie lauthals um Hilfe. Sie fühlte nicht weniger als ihr Herr, vor dessen Augen sich das Unsagbare abspielte, die ihr angetane Schmach. Vergebens versuchte Walter, sich durch den Haufen entfesselter Zimmermänner zu Charlotte durchzukämpfen.
Charlottes Geflenn und Geschrei ging schließlich auch den hartgesottenen Zimmermännern auf die Nerven. Sie besannen sich auf den Ring, der aus einer widerstrebenden Freundin eine dem eigenen Geschmack entgegenkommendere machen würde. Walter kämpfte wie um sein Leben, als man ihm nicht nur Charlotte, sondern auch noch den Schlüssel zu ihrer Seele nehmen wollte. Erst als Walter unter den Schlägen der Zimmermänner das Bewußtsein verlor, ließ sich seine Faust öffnen und der Ring vom Finger ziehen.
Als Walter wieder zu sich kam, hatte sich der Zimmermannclan bereits über die weitere Verwendung von Charlotte geeinigt. Dem Cheftaxierer der Wettbehörde war es gelungen, seine Verdienste an Walters Odyssee herauszustreichen, und er bekam als erster den Ring für ein gutes Viertelstündchen, vorausgesetzt, daß er die anderen zusehen ließ.
Als Walter Charlotte zum letztenmal sah, erkannte er sein engelhaftes, über alles geliebtes Geschöpf nicht wieder. Die Favoritin des Cheftaxierers war immer noch die blonde Violetta, die ihm wohl sein Leben lang unerreichbar bleiben würde. Dafür mußte ihm jetzt Charlotte die aus den Contactcommercials bekannten Tänze und Verführungsrituale darbieten. Unter den Augen des Cheftaxierers wurde sie immer geschickter, wippte mit den Hüften und schürzte die Lippen, während sie sich Stück für Stück ihrer Kleidung entledigte und zum erstenmal der Öffentlichkeit stolz ihre Brüste präsentierte.
Nein, das war nicht mehr seine Charlotte. Selbst wenn es

Walter gelang, sie wieder zu erobern, nie könnte er diese schamlosen Gesten, ihre sich vulgär darbietende Nacktheit vergessen. Charlotte tanzte sich immer näher an den Cheftaxierer heran, kniete vor ihm nieder und öffnete mit geschickten Fingern seine Hose, als hätte sie nie im Leben etwas anderes getan, als den Befehlen seiner Gedanken zu gehorchen.
Walter wandte sich ab, um nicht mehr mitansehen zu müssen.

11

Am nächsten Tag fand man Walter an der Outputschleuse liegen. Seine Züge waren friedlich und spiegelten eine stille Einkehr wider, als sei er sanft entschlafen. Er mußte die Hochspannung so zaghaft mit den Fingerspitzen berührt haben, als sei sie Charlottes kostbare Haut. Keiner kümmerte sich um ihn. Nur die Geier. Was die übrig ließen, nahmen sich die Ratten und Mäuse.

Die Viererbande

1

Es war der 9. September gewesen, als Markus Christa zum erstenmal sah. Nie wird er dieses Datum vergessen. An diesem Abend war Zellentermin, und Markus hatte nicht die geringste Absicht, danach noch auszugehen, schon gar nicht ins *stop-in,* wo ihm Christa wenige Stunden später über den Weg laufen sollte.
Der Termin war Routine. Der übliche Bericht an das Zentralkomitee war fällig. Routine war auch, daß kurz vor zehn Theo einen Antrag zur Geschäftsordnung stellte. Im dritten Programm begann in wenigen Minuten *Macao,* ein Film mit Robert Mitchum, den Theo unbedingt sehen wollte. Hannes schloß sich ihm an und unterstützte den Antrag auf Schluß der Debatte. Nur Luke enthielt sich der Stimme.
Markus kam nicht umhin, wieder einmal ein kurzes Referat über Kultur und Klassenkampf zu halten. Was ist das für ein Revolutionär, der sich an den Machwerken des amerikanischen Monopolkapitals ergötzt? Markus war gut auf dieses Thema vorbereitet. Mehrere Sätze zitierte er fließend und wortwörtlich aus den *Reden bei der Aussprache in Yenan über Literatur und Kunst.*
Kulturimperialismus hin, Rechtsopportunismus her, Theo stand nun mal auf Robert Mitchum und hatte diesen Film noch nicht gesehen. Luke machte der Angelegenheit ein Ende, indem er den Fernseher einschaltete. Luke haßte Redereien, die nichts einbrachten. Er galt als Aktionist. Es brauchte einige Zeit, bis das Bild erschien. Noch kamen Nachrichten. Ein Sprecher mit gepflegtem Bart und modischer Fliege beschrieb gerade wortgewandt den Aufstieg eines Bauernsohns aus der Provinz

Hunan, eines Kriegers und Poeten, der fraglos zu den bedeutendsten Staatsmännern unseres Jahrhunderts gezählt werden mußte.
Der Nachrichtensprecher war ganz der Ausgewogenheit verpflichtet. Klassenkämpfe und Revolution sparte er geschickt aus. Dafür widmete er dem Papiertiger einen feuilletonistischen Exkurs, hatte doch diese originelle Wortschöpfung auch in den hiesigen Sprachschatz Eingang gefunden. Nein, der Tod des großen Vorsitzenden wurde hierzulande nicht übermäßig betrauert, dafür mutmaßte man um so eifriger, wie es weitergehen würde in diesem in den Augen westlicher Nachrichtenkorrespondenten so geheimnisvollen Land.
Das war am 9. September 1976 gewesen. Mao Tse-tung war gestorben. Die bürgerlichen Medien gefielen sich in allerlei Spekulationen. Wer wird sein Erbe antreten? Werden es die praxisnahen Reformer sein oder die ideologietreuen Radikalen, die sich um Maos Witwe, die Genossin Tschiang Tsching, geschart hatten und für sich alleine den Anspruch erhoben, die wahren Hüter der Lehre des großen Steuermanns zu sein?
Natürlich kam es über dieser Frage zu einer erregten Diskussion. Der Fernseher wurde wieder ausgeschaltet. Die Genossen Theo und Hannes schlugen sich sofort auf die Seite von Tschiang Tsching. Markus hatte das befürchtet. Ihm war klar, daß die beiden eine radikale Position beziehen mußten. Theo und Hannes konnten nie ganz verleugnen, daß sie über die antiautoritäre Studentenbewegung zur Partei gestoßen waren. Ein Glück, daß Luke sich der Stimme enthielt.
Letztlich war Markus der Kader. Allein auf seinen Standpunkt kam es an. Er hielt ein – diesmal längeres – Referat, in dem er darauf hinwies, daß eine Entscheidung für oder gegen Tschiang Tsching nur das Zentralkomitee fällen könne. Das stehe mit den chinesischen

Genossen in ständigem Kontakt und verfüge daher über alle relevanten Informationen, die – sofern man sie den Korrespondenten der westlichen Nachrichtenagenturen nicht von vornherein vorenthalte – von den Lakaien des Großkapitals sicherlich, wenn überhaupt, nur manipuliert wiedergegeben würden.
Theo und Hannes waren trotzdem nicht bereit, den Spruch des Zentralkomitees abzuwarten. Sie pfiffen auf jede Parteidisziplin. Ihrer Meinung nach war Tschiang Tschings Widersacher, der Genosse Hua Kuo-feng, nichts anderes als ein Statthalter jener Revisionisten, Rechtsabweichler und letzten Endes Konterrevolutionäre, vor deren Lippenbekenntnissen zum Marxismus der große Vorsitzende nicht oft genug warnen konnte.
Schon war auch Luke nahe daran, seine Meinung zu äußern. Es war für Markus nicht leicht, die Diskussion im Sinn der Partei zu lenken, solange das ZK noch keine exakten Richtlinien erlassen hatte. Darum verkündete er auch bald das Ende der Debatte. Theo und Hannes hielten das Thema noch längst nicht für ausdiskutiert. Doch Luke nahm Markus beim Wort und schaltete erneut den Fernseher an. Als Robert Mitchum erschien, fügten sich auch Hannes und Theo. Gemeinsam sahen sie den Schluß von *Macao*.

2

Nur Markus verzog sich in sein Zimmer und tippte den Bericht an das ZK. Noch am selben Abend wollte er in die Stadt fahren und Ingo aufsuchen. Ingo – natürlich war das nur sein Deckname – studierte Biochemie und schrieb gerade an seiner Doktorarbeit über Gentransplantationen. Markus hatte selbst mal studiert, Psychologie, allerdings nur zwei Semester, dann war er in die

Partei aufgenommen worden, und jeder Wunsch, wieder mal die eine oder andere Vorlesung besuchen zu dürfen, wurde von den Genossen von der Zentrale als kleinbürgerliches Karrieredenken getadelt und entschieden zurückgewiesen.
Sicher hatte die Partei ihre Gründe. Wahrscheinlich waren Biochemiker für die Revolution mehr vonnöten als diplomierte Psychologen, auch wenn sie sich speziell mit Konfliktstrategien befaßt hatten. Denn soweit es Markus beurteilen konnte, war es Ingos einzige Aufgabe im Klassenkampf, gelegentlich als Vermittler zwischen der Basis und dem Zentralkomitee zu dienen.
Natürlich befolgte Markus die Weisungen der Partei und sah sich entsprechend vor. Er fuhr sogar 50 Meter eine Einbahnstraße in entgegengesetzter Richtung, wurde auch von einer zivilen Polizeistreife gebührenpflichtig verwarnt, war sich dafür aber um so sicherer, nicht verfolgt zu werden, als er die Liebigstraße 14 erreichte und Ingo einen Besuch abstattete.
Ingo bewohnte alleine eine Zwei-Zimmer-Wohnung im vierten Stock. Markus mußte mehrmals klingeln, wußte jedoch gleich, daß Ingo zu Hause war, obwohl sie diesen Termin nicht offiziell vereinbart hatten. Zu laut waren Bob Dylans *Visions of Johanna* durch die Wohnungstür zu hören.
Es war Markus peinlich, Ingo zu so ungewohnter Zeit zu überfallen. Schließlich waren sie erst am 11. September, also zwei Tage später, für 17 Uhr 30 verabredet gewesen. Markus erklärte Ingo die Dringlichkeit der Situation. Der wußte noch nichts von Maos Tod. Erst recht nichts von dem Streit zwischen Pragmatikern und Ideologen, der die Basis inzwischen zu spalten drohte.
Ingo entschuldigte sich mit seiner Dissertation. Die konnte einen ganz schönen Streß verursachen. Seit Wochen hatte Ingo keine Nachrichten mehr gehört. Auch

die Parteizeitung – Ingo war in Selbstkritik bewandert – überflog er nur flüchtig. Fachbücher lagen stapelweise über einen drei Meter breiten Schreibtisch verstreut. Aber Markus entging nicht, daß sich Bob Dylan noch immer auf dem Plattenteller drehte, auch wenn die geschickt hinter Vorhängen verborgenen Hi-Fi-Boxen beharrlich schwiegen.

Vom Tod des großen Vorsitzenden schien Ingo nicht sonderlich betroffen zu sein. Auch das Nachfolgeproblem kümmerte ihn nur wenig. »Was gibt's sonst noch?« fragte er Markus nun schon zum zweitenmal und deutete auf seine verstaubte Schreibmaschine. »Ich hab zu tun.«

Markus reichte Ingo den Bericht an das ZK, der eigentlich erst in zwei Tagen fällig war. In einem Postskriptum hatte Markus die lieben Genossen gebeten, sich doch möglichst schnell mit der Nachfolgefrage des großen Vorsitzenden zu befassen. Markus versäumte nicht, Ingo noch einmal auf die Dringlichkeit seiner Anfrage hinzuweisen. Viel hing von einer schnellen Antwort ab. Die Zukunft seiner Zelle stand letztlich auf dem Spiel.

3

Was tun? Markus hatte keine Lust, schon nach Hause zu fahren. Ein Tag zum Feiern war es sicher nicht. Und doch – hatte heute nicht ein großer Revolutionär für immer von der Welt Abschied genommen? War es nicht Brauch, den Verstorbenen mit einem Mahl zu ehren oder zumindest ein Glas auf sein Wohl zu erheben? War das nun ein Relikt der Bourgeoisie oder eine Tradition des Volkes? Markus entschied zugunsten des Volkes.

Er kannte nicht viele Kneipen. Seit er in die Partei aufgenommen worden und mit ein paar Genossen nach Trudering gezogen war, ging er abends nicht mehr viel aus. Markus trank ein Bier im *Atzinger*, schaute auch kurz in den *Fasaneriehof* und ins *St. Barbara* hinein, versäumte nicht die *Rheinpfalz* und landete schließlich im *stop-in*, immer noch auf ein Bier wartend, nachdem er die trokkene Pizza zu 1 Mark 40 längst in sich hineingewürgt hatte.

Er wollte schon gehen. Es war spät geworden. Er kannte keine Menschenseele hier. Außerdem war die Luft zum Schneiden dick. Vor drei Wochen erst hatte er sich das Rauchen abgewöhnt. Aber da war noch das Bier, das er bestellt, inzwischen auch schon bekommen und fast getrunken, aber noch nicht bezahlt hatte, und dann das Mädchen mit den hennagefärbten Haaren, das ihn fortwährend ansah, obwohl er nicht die geringste Ahnung hatte, woher sie sich kennen konnten. Ganz bestimmt war sie kein Mitglied der Partei.

Dann kam doch noch der Kellner vorbei. Markus bestellte ein zweites Bier und bezahlte gleich beide zusammen. Das Mädchen behielt ihn im Auge. Er hielt seinem Blick stand, lächelte sogar kurz, und, kein Zweifel war möglich, schließlich hatte Markus zwei Semester Psychologie studiert und wußte in Physiognomien Bescheid, das Mädchen erwiderte sein Lächeln, auch wenn sich die Mundwinkel nur zaghaft erhoben.

Es machte den ersten Schritt und ging auf Markus zu.

»Grüß dich«, sagte es. »Ich bin die Christa.«

Markus nickte nur.

»Erzähl mir was.«

Markus hatte beim besten Willen nichts zu erzählen. Doch Christa gab nicht auf. »Irgendwas hat jeder zu erzählen«, meinte sie.

»Mao ist gestorben«, berichtete Markus.

»Was?«

Offensichtlich war sie schwer von Begriff. Markus holte

weiter aus und berichtete ihr, wie seine Freunde Hannes und Theo heute abend unbedingt den Film sehen wollten und sie zufällig noch die Nachrichten mitbekamen. Was es jedoch mit ihnen auf sich hatte an diesem denkwürdigen 9. September, schien nicht mehr auf Interesse zu stoßen. Irgendwie mußte Markus mit seiner Erzählung den Erwartungen nicht ganz entsprochen haben. Denn Christa ließ ihn wortlos stehen und begab sich, Markus folgte ihr mit seinem Blick, geradewegs auf die Toilette, wo sie auch für eine geraume Weile verschwand.

Als sie wieder rauskam, war sie guter Dinge. Sie ging zur Theke und bestellte sich noch ein Bier, bekam es auch, obwohl bald Sperrstunde war und nichts mehr ausgeschenkt wurde. Mit dem Glas in der Hand trat Christa erneut auf Markus zu, bot ihm einen Schluck an und meinte: »Tschuldigung.«

Christa rückte mit der Wahrheit heraus. Auch sie wußte längst, daß Mao gestorben war. Sie hatte Markus nur zum Reden bringen wollen. Christa besuchte die Filmhochschule und war gerade dabei, ihren Abschlußfilm vorzubereiten. In Details wollte sie sich nicht verlieren, jedenfalls sollte auch ein Banküberfall darin vorkommen. Und für die Rolle des Kassierers war vorübergehend Markus in Betracht gezogen worden. Doch als der gerade auf Maos Tod zu sprechen kommen wollte, war für Christa die Angelegenheit erledigt. Markus sprach schwäbisch. Christa bekam es regelmäßig mit Bankangestellten zu tun, praktisch immer, wenn sie ihr Konto überzog, aber stets wurde sie in erlesenstem Hochdeutsch auf die zur Zeit gültigen Geschäftsbedingungen hingewiesen.

4

Markus war nicht nachtragend. Er und Christa gehörten zu den letzten Gästen, die kurz vor drei auf die Straße traten. Es nieselte. Markus hatte seinen VW am Siegestor geparkt. Schon wollte er Christa anbieten, sie nach Hause zu fahren, vorerst noch ganz ohne Nebengedanken, als sie ihn fragte: »Kommst du noch mit zu mir?«

Sie gingen zu Fuß. Christa wohnte in der Georgenstraße im Erdgeschoß. Es war eine Wohngemeinschaft, aber schon auf dem Hinweg versicherte Christa Markus, daß sie mit ihren Mitbewohnern nicht viel zu tun hatte. Ein Freund von ihr war in Südamerika. Dessen Zimmer hatte sie für ein halbes Jahr übernommen. Doch mit den übrigen Wohngenossen klappte die Kommunikation nicht so ganz, deshalb war Christa auch dabei, sich eine neue Bleibe zu suchen.

Es war ein kleines Zimmer. Christa entschuldigte sich sofort für das Mobiliar. Natürlich gehörte nichts davon ihr. Schon gar nicht das Poster, auf dem sich Marilyn Monroe auf rotem Samt hingebungsvoll räkelte. Auch war das Bett angeblich viel zu schmal und hatte dazu noch in der Mitte eine Besucherritze. Aber die Stereoanlage war ganz brauchbar.

»Magst du die Doors?« fragte Christa Markus und legte, ohne eine Antwort abzuwarten, eine Platte auf, korrigierte die Bässe, war überhaupt mit dem Klangvolumen unzufrieden und drehte ein gutes Stück lauter, obwohl sie vor ein paar Minuten erst Markus erzählt hatte, daß sie wegen angeblicher nächtlicher Ruhestörungen mit ihren Mitbewohnern fast täglich Streit bekam.

Noch bevor die Doors mit *Break on through* richtig loslegten, entschuldigte sich Christa und verschwand für ein paar Minuten. Markus schaute sich in dem Zimmer um. Außer der Monroe gab es wirklich nicht viel zu

sehen. Die einzige Sitzgelegenheit war das Bett. Markus setzte sich. Da hörte er die Toilettenspülung, und gleich darauf kam auch Christa wieder zurück.
Sie setzte sich neben Markus und begann, eine Zigarette zu drehen. Markus ahnte, was das werden würde. Christa entging nicht sein Blick. »Original mexikanischer Samen«, pries sie das Gekrümel an, angepflanzt von einem Freund nahe Bad Reichenhall und angeblich das beste Gras weit und breit.
Markus war kein Spielverderber. Warum nicht mal einen Blick hineinwerfen in die bürgerliche Dekadenz? Schließlich muß man die Praxis am eigenen Leib erfahren haben, will man zur richtigen Theorie gelangen. Christa nahm zwei, drei tiefe Züge und reichte den Joint an Markus weiter. »Ich hab's selbst großgezogen«, berichtete sie stolz. »Glaub mir, so ein Gras findest du so leicht nicht wieder.«
Nebeneinander auf der Bettkante einen durchzuziehen war natürlich was anderes als das übliche Blabla in einem überfüllten Bierlokal. Anfangs war die Konversation eher stockend. Zu sehr hatte Markus seine ganze Aufmerksamkeit auf sich selbst gerichtet. Was ging da in seinem Inneren vor? Wie wirkte jenes Gras, das angeblich seinesgleichen suchte? Veränderte sich die Umgebung? Blickte Marilyn Monroe jetzt aufreizender von der Wand?
So gewissenhaft Markus auch das Für und Wider abwog, er kam zu dem Ergebnis, daß alles beim alten blieb. Ein High verspürte er sicher nicht. Markus fühlte sich weder bekifft noch angeturnt oder gar stoned, nur die sieben Bier, die er heute abend getrunken hatte, die war er nicht gewohnt, sie machten ihn müde.
So kam es, daß Markus nicht sonderlich gesprächig war. Von seiner Parteitätigkeit zu erzählen, verbot sich ohnehin. Und was er sonst so trieb? Nun ja, er bewohnte mit

drei Freunden ein kleines Haus in Trudering, nichts Großes, nur sechs Zimmer und ein netter Garten drumherum.
Christa machte es nichts aus, von sich reden zu müssen. Nach einer knappen halben Stunde versiegte auch ihr Redefluß. Sie nützte die Pause und verschwand wieder mal auf der Toilette. Markus hörte den Doors zu. *You know that it would be untrue, you know that I would be a liar, if I was to say to you, girl we couldn't get much higher.* Irgendwann mußte Markus eingeschlafen sein.
Come on baby light my fire. Er träumte von einem Scheiterhaufen. Markus war sich noch nicht sicher, ob eine Hexe oder nur ein Ketzer verbrannt werden sollte, da verlor das Spektakel für ihn an Bedeutung, stellte es sich doch bloß als eine Opernaufführung heraus. Es war eine chinesische Oper. Und die Solotänzerin, die auf Zehenspitzen wippend mit graziöser Geste das fiktive Feuer schürte, war keine andere als die Genossin Tschiang Tsching, auch wenn sie ein wenig der Garbo ähnelte, die, wie allseits bekannt, keine Genossin ist und nichtsdestotrotz von Tschiang Tsching jüngsten Agenturmeldungen zufolge göttlich verehrt worden sein sollte.
Dann war Markus plötzlich auf dem langen Marsch. Irgendwie spielten dabei auch die katholischen Pfadfinder eine Rolle, zu denen Markus mal drei Sommer lang gehört hatte. Hinter ihm auf einem Esel ritt Tschiang Tsching. Der lange Marsch hatte viele Etappen. Nie ging Markus zu Bett, ohne vorher seine Reflexionen zu Papier gebracht zu haben. Es ergab sich, daß die Genossin Tschiang Tsching ihm dabei behilflich war. Überhaupt war sie ein gelehriges Wesen. Wenn sich ihre Brüste unter der wattierten Jacke strafften, erinnerte sie ihn gelegentlich an die Monroe. Markus nahm sich väterlich ihrer an. Ja, und dann passierte es. Doch noch bevor sie sich richtig nahekamen, wachte er auf.

Markus lag angezogen auf dem Bett. Christa war nackt, bis auf den Slip, den Markus erst später entdecken sollte. Noch hatte sie die Decke hochgezogen bis zum Hals. Tschiang Tsching, die Garbo und nicht zuletzt Marilyn mochten ihren Teil dazu beigetragen haben: Zurückgekehrt vom langen Marsch fühlte Markus sich allein gelassen mit seiner Männlichkeit. Er suchte Christas Nähe. Christa sträubte sich nicht. Danach fiel Markus erneut in einen diesmal traumlosen Schlaf.

5

Christa blieb hellwach. Sie hatte ohnehin nicht einschlafen können. Auch Markus bot ihr da keine Ablenkung. Überhaupt war Christa nicht in richtiger Stimmung. Das Koks reichte höchstens noch für einen Tag.
Fast zwanzig Gramm waren es gewesen. Sie kamen von Eike, einem Freund, der ab und zu ein bißchen herumdealte und vor drei Wochen von den Bullen hopps genommen worden war. Christa hatte bei ihm gewohnt und kannte auch seinen geheimen Vorrat. Drei Gramm hatte sie auf eigene Rechnung verscherbelt. Dann war sie auf den Geschmack gekommen. Jeden Tag steckte sie sich ein paar Lines mehr in die Nase. Sie aß wenig und schlief fast nie. Sie trieb sich viel im *PN* und auch im *Between* herum. Der Rock war heavy wie in den alten Tagen. Beim Tanzen glaubte Christa Funken zu schlagen.
Es war vier vorbei. Christa stand auf. Sie wollte das Unvermeidliche nicht länger verschieben. Sie nahm Spiegel und Rasierklinge zur Hand und öffnete das Tütchen. Wenn man es richtig einteilte, waren es noch drei, vier Sniffs, wenn man wirklich haushaltete, sogar sechs oder sieben.
Christa war nicht nach haushalten zumute. Sie kippte

alles auf den Spiegel und zerkleinerte es zur Feier des Tages übergenau. Es ergab zwei ansehnliche Lines. Christa schob sich den McDonald's-Halm in die Nase und zog zweimal kräftig ein.

Im Grunde genommen war sie erleichtert. Jetzt mußte sie sich nicht mehr jede halbe Stunde auf die Toilette verdrücken, das Koks war zu Ende, und damit auch all die überreizten Hochs und Tiefs. Ein neuer Anfang konnte gemacht werden.

Der letzte Sniff hatte es in sich. Markus schlummerte friedlich unter Marilyn Monroe mit ihrer Marzipanhaut. Christa hielt es nicht länger in dem Zimmer aus. Es war eine laue Nacht, der Herbst hatte noch nicht richtig begonnen, man konnte ohne Mantel spazierengehen.

Christa ging von der Georgenstraße bis zum Sendlinger Tor und von dort zur Isar, und zurück machte sie noch einen Umweg über den Englischen Garten. Natürlich gab es Mißverständnisse. Mehrere Limousinen begleiteten sie im Schrittempo. Vereinzelte Freier sprachen Christa auch an. Mit einem kam sie sogar ins Gespräch, einem andalusischen Gastarbeiter, doch der suchte das Weite, als er erfuhr, daß Christa keine Professionelle und trotzdem einer Unterhaltung nicht abgeneigt war.

Der letzte Sniff hatte Christa noch einmal voll auf Trab gebracht. Ihre Gedanken kreisten um den Abschlußfilm. Spätestens im Englischen Garten sah sie ihn Bild für Bild vor sich. Der Banküberfall, von dem sie Markus berichtet hatte, spielte nur eine untergeordnete Rolle. Selbst ihren Freunden hatte Christa noch nichts von ihrem Projekt erzählt.

Es war Jahre her, da hatte sie Georg von Rauch mal kennengelernt, lange bevor er in den Untergrund ging. Christa war damals noch ein kleines Teenie gewesen und abgefahren auf heavy Rock und Jungs mit langen Haaren und Dope in der Tasche, die im Bett keine geilen

Böcke waren, sondern wirklich zärtlich sein konnten. Sie hatten viel Spaß gehabt in dieser Zeit. Immer war einer gerade dabei, einen Joint zu drehen, und wenn der die Runde machte und die MC 5 dröhnte, hatte jeder eine phantastischere Idee, wie man die Weltrevolution ein kleines Stückchen voranbringen könnte.
Das war lange her. Ehrlich gesagt erinnerte Christa sich erst wieder daran, als sie von der Schießerei in Schöneberg, in der Eisenacher Straße, las. Georg hatte es dabei erwischt. Ein paar Monate später wurde in Augsburg sein Freund Tommy erschossen. *Wie alles anfing*, das war eine Geschichte, über die auch Christa was zu sagen hatte. Darüber wollte sie ihren Abschlußfilm machen. Christa wartete nur noch, bis etwas mehr Ruhe in ihren Körper einkehren würde, dann wollte sie sich hinsetzen und das Drehbuch schreiben.
Es war längst hell, als Christa wieder in ihr Zimmer trat. Markus war weg. Christa vermißte ihn nicht. Er hatte einen Zettel mit seiner Adresse auf dem Bett hinterlassen. Christa schob ihn beiseite. Nach ausziehen war ihr nicht zumute, sie fror auch nicht, trotzdem zog sie sich die Decke vorsorglich bis zum Hals. Christa war schon eingeschlafen, als Ulrike vom Einkaufen zurückkam.
Es ging immer um das gleiche. Was für einen Besuch hatte Christa letzte Nacht wieder mitgebracht? Er hatte zweimal telefoniert, Ortsgespräche hoffentlich, Ulrike hatte es zu spät bemerkt, um es kontrollieren zu können. Dann hat er einen halben Liter Milch ganz für sich alleine getrunken, den Kindern den Fruchtjoghurt weggegessen und Ulrike selbst den Rest der Kirschmarmelade, hausgemachte, die sie von ihrer Mutter zum Geburtstag geschenkt bekommen hatte.
Das alles war aber nur nebenbei gesagt, gleichsam ein Vorspiel für Ulrikes unverhohlenen Triumph. Gestern abend hatten sie Gruppensitzung gehabt. Auch Christa

war eingeladen gewesen, aber sie hatte es wieder mal vorgezogen, fernzubleiben, obwohl sie der Hauptpunkt der auch ihr mitgeteilten Tagesordnung war. Kurz und bündig, die Gruppe hatte einen einstimmigen Beschluß gefaßt. Christa hatte auszuziehen. Und zwar sofort. Andernfalls behielt man sich weitere, notfalls juristische Schritte vor.

6

Christa hatte es schon lange kommen sehen. Sie mußte sich wieder mal eine neue Bleibe suchen. Seit Eike verhaftet war und ihr fristlos gekündigt wurde, war das nichts Neues. Darum besaß Christa auch nicht viel, keine Aschenbecher oder Urlaubsfotos oder sonstige Souvenirs, nur ein bißchen Wäsche und ein paar Toilettensachen. Es paßte bequem in eine Umhängetasche und eine Plastiktüte.

Beides konnte natürlich mit der Zeit ganz schön lästig werden, immer eine Tasche an der Schulter und eine Tüte in der Hand, vor allem, wenn man todmüde war und nicht wußte, wohin. Christa machte die Runde. Sie schaute bei der *Freiheit* vorbei und ins *Capri* und ins *Nest*, sah auch ein paar flüchtige Bekannte, aber keinen, der ihr vertraut genug war, ihn zu fragen, ob sie ein paar Nächte bei ihm schlafen könne.

Es war natürlich noch ziemlich früh, kurz vor Mittag. Wer war da schon auf den Beinen! Christa ging weiter in den Englischen Garten. Das Gras war kalt. Christa holte sich ein paar Zeitungen aus einem Papierkorb und breitete sie aus. Die Plastiktüte war ein gutes Kopfkissen, und die Umhängetasche nahm Christa in die Arme. Sie rollte sich zusammen und schlief ein.

Christa träumte von Georg, von jener Nacht, in der sie

zusammen Acid genommen hatten. Christa war damals ganz schön auf Horror gekommen, aber Georg, der hatte das richtige Feeling, der brachte sie auf einen besseren Trip. Nie vorher und auch später nie war es so zärtlich gewesen, und Christa hatte schon mit vielen Männern geschlafen. Sie träumte oft von dieser Nacht.
Die Sonne verlor um diese Jahreszeit schon früh an Kraft. Christa wachte auf und fröstelte. Sie warf die Zeitungen in den Papierkorb zurück, bepackte sich mit Tüte und Tasche und ging über die Liegewiesen in der Hoffnung, jemand zu finden, den sie kannte und der eventuell ein Bett für sie frei hatte, wenigstens für eine Nacht.
Sie sah nur Rolf. Der saß auf einer Decke und spielte mit seinem Freund Schach. Christa setzte sich kurz zu ihnen. Rolf hatte was zu rauchen, sein Freund hielt nichts davon, aber Christa nahm dankbar ein paar Züge, kam jedoch heute nicht so richtig auf den Geschmack.
Minutenlang starrten sie alle auf die 64 Felder. Christa wußte nicht einmal, wer an der Reihe war. Weder Rolf noch sein Freund konnten sich so schnell zu einem Zug entschließen. Christa wagte es schließlich, das Schweigen zu durchbrechen. Sie fragte Rolf: »Kann ich heut schlafen bei dir?«
Sie konnte nicht. Rolf hatte gerade wieder mal Trouble mit seiner Freundin. Unmöglich, daß er da Christa anschleppte. Christa hatte mit keiner anderen Antwort gerechnet. Es war ohnehin nur ein Versuch gewesen. Sie hatte mal mit Rolf gepennt und die Eifersucht seiner Freundin zu spüren bekommen.
Christa ließ Rolf und seinen Freund mit ihrem Spiel allein und ging in Richtung Leopoldstraße. Sie wußte noch immer nicht, wohin. Sie hätte was essen gehen können, Geld genug hatte sie ja noch. Aber sie verspürte nicht den geringsten Appetit. Auf den Shit war sie ganz schön abgefahren, obwohl sie doch nur ein paar Züge gemacht

hatte, und als sie am Kiosk vorbeikam, kriegte sie plötzlich Lust auf ein Eis.
»Für eine Mark Vanille.«
Schon als Kind hatte Christa Vanilleeis für ihr Leben gern gegessen. Und wie damals bekleckerte sie sich auch heute, nur daß keine Mutter mehr mit einem Taschentuch in der Hand angeschossen kam, Christa das Eis wegriß und den Fleck mit *K2r* und jahrzehntealter hausfraulicher Routine zu entfernen begann.
Von einer Sekunde auf die andere wurde Christa schlecht. Sie konnte das Eis nicht länger sehen. Ein Papierkorb war nicht in der Nähe. Sie ließ es fallen. Ein junger Herr, stolz und gepflegt wie sein Afghane, beschwerte sich augenblicklich über diesen Fall von Umweltverschmutzung. Christa hatte kein Ohr für seine Belehrungen. Sie war hinter das nächste Gebüsch geeilt und mußte sich übergeben. Es kam nicht viel. Nur das bißchen Eis und die übliche Galle.
Es war Herbst – und das Gebüsch bereits zum größten Teil entlaubt. Wer Augen hatte, der konnte das Mädchen durchaus sehen, das sich am Boden krümmte und so erfolglos würgte. Christa entging nicht, daß sie Aufmerksamkeit zu erregen begann. Es war die Zeit nach Büroschluß. Viele zogen in den Englischen Garten, den freundlichen Herbstabend zu nützen, für einen Spaziergang oder eine Maß am Chinesischen Turm. Klar, daß so ein freaky Mädchen für Gesprächsstoff sorgte. Christa spürte, daß es höchste Zeit war, sich davonzumachen. Womöglich rief einer noch die Bullen.
Christa rappelte sich hoch. Als sie sich wieder unter die Spaziergänger mit ihren Kindern und Hunden mischte, kam sie auf Paranoia. Eine Telefonzelle war leer. Christa betrat sie. Sie fühlte sich wohl in diesem gläsernen Käfig. Hier war sie geschützt. Christa nahm den Hörer ab. Dann erst überlegte sie sich, wen sie anrufen könnte.

Christa trug die Zettel der Namen ihrer ständig wechselnden Bekannten mit ihren ständig wechselnden Telefonnummern lose in ihrer Umhängetasche bei sich.
Die meisten von ihnen waren nicht erreichbar. Sie waren entweder schon wieder umgezogen oder gerade nicht zu Hause. Oder es nahm keiner ab. Und die, die Christa an den Apparat bekam, denen tat es leid, aber sie sahen beim besten Willen weder bei sich noch sonstwo für Christa eine Möglichkeit zum Pennen.
Als sie keine Groschen mehr hatte, stieß Christa auf den Zettel von Markus. Sie erinnerte sich an die vergangene Nacht. Viel war es nicht, worüber er gesprochen hatte, nur daß er mit drei Freunden zusammenlebte und zwar in einem, und daran erinnerte sich Christa noch ganz genau, Haus mit sechs Zimmern.
Christa hätte sich eine Mark in Groschen wechseln lassen können. Trotzdem rief sie Markus nicht an. Er hatte neben der Telefonnummer auch seine Adresse hinzugeschrieben. Trudering, Goldregenweg 27. Christa wollte die nächste S-Bahn nehmen. Wenn sie erst mal vor der Haustür stand, dann war sie nicht mehr so leicht abzuwimmeln.

7

Luke war allein zu Hause, als es klingelte. Markus hatte donnerstags immer Bürodienst und anschließend Delegiertenkonferenz. Er wurde erst am späten Abend zurückerwartet. Theo und Hannes waren heute für den Büchertisch in der Mensa verantwortlich. Nachmittags sollten sie beim Abziehen der neuesten Flugblätter helfen, die Maos Ableben wortreich kommentierten, sich aber wohlweislich hüteten, auf die immer aktueller werdende Frage seiner Nachfolge einzugehen. Das ZK hatte

zu dem Streit zwischen Pragmatiker und Ideologen noch immer keine Stellung genommen.
Natürlich hatte auch Luke seine Direktiven. Ein Gutteil der Parteikorrespondenz war ihm delegiert worden. Luke konnte maschineschreiben. Trotzdem kam die Partei mit ihrer Korrespondenz immer mehr in Verzug. Luke tippte nicht mehr als drei Briefe am Tag. Dann widmete er sich Sätzen, die er vor seinen Genossen verschwieg. Mehr als zehn Science-fiction-Geschichten hatte Luke in diesem Jahr schon verfaßt.
Natürlich fehlte es bei solch mangelhafter Pflichtauffassung nicht an einem entsprechend schlechten Gewissen. Als es läutete, zog Luke sofort den Bogen aus der Maschine und versteckte ihn bei seinen übrigen Manuskripten unter dem Info-Stapel des letzten Jahres. Der Besucher war nicht mit Geduld gesegnet. Mehrmals schrillte die Klingel durch das Haus. Den Kopf noch voller Mutanten, öffnete Luke schließlich die Tür.
Vor ihm stand Christa, die Umhängetasche über der Schulter und die Plastiktüte in der Hand. Sie hatte sich gegen den Türrahmen gelehnt, als mißtraue sie der Standfestigkeit ihrer Füße. Luke fühlte sich mit einemmal wieder in die Geschichte versetzt, aus der er gerade so jäh herausgerissen worden war. Sie handelte von einem jungen Mädchen, das durch die Galaxis irrte auf der Suche nach dem Menschengeschlecht. Einmal begegnete ihr ein hübscher Jüngling, der entpuppte sich aber schnell als ein besonders heimtückischer Mutant. Noch hatte sich Luke über das Aussehen seiner Heldin keine genauen Vorstellungen gemacht. Nur einmal deutete er ihre Attraktivität in einem Nebensatz an. Aber ihren Blick hatte er schon auf der ersten Seite ausführlich beschrieben, und der war angesichts der weiten Galaxis so leer gewesen wie der von Christa, die nun Luke gegenüberstand und ihn fragte: »Ist Markus da?«

Luke schüttelte den Kopf.
»Macht nichts«, meinte Christa, »ich bin 'ne Freundin von ihm.«
Luke wußte nicht, was er davon halten sollte. Von Freundschaft war schon lange nicht mehr die Rede gewesen. »Genossin?« fragte er.
Christa kam es auf exakte Termini nicht an. Sie nickte nur und beschloß, aufs Ganze zu gehen. »Markus hat gesagt, ich kann bei euch schlafen.«
Das war leicht möglich. Ein Zimmer stand schon seit langem leer. Es hatte Judith gehört, die vor drei Monaten die Zelle verlassen hatte und wenig später aus der Partei ausgeschlossen worden war. Auch tat sich Luke schwer, einer hilfesuchenden Fremden die Gastfreundschaft zu verweigern. Nicht umsonst besaß das durch die Galaxis irrende Mädchen sein volles Mitgefühl. Luke versperrte nicht länger die Tür. »Komm rein«, sagte er zu Christa. »Magst du einen Tee?«
Christa lehnte dankend ab. Auch im Gemeinschaftsraum wollte sie nicht Platz nehmen. Der Brechreiz hatte zwar nachgelassen, doch ihr Magen rebellierte immer noch. Aber das war nicht das schlimmste. Ihr ganzer Körper schien Reißaus nehmen zu wollen, und Christa hatte Mühe, noch rechtzeitig einen Platz für ihn zu finden.
Luke kam nicht umhin, Christa ohne viel Umwege Judiths ehemaliges Zimmer zu zeigen. Es war leer, bis auf die zerschlissene Matratze, die Judith zurückgelassen hatte, nachdem sie sicher sein konnte, daß in ihrer neuen WG sie auch ein neuer Freund erwartete mit einem Doppelbett.
Luke erbot sich, Christa frisches Bettzeug zu holen. Doch auch daran war Christa nicht gelegen. Sie war in der S-Bahn die ganze Fahrt über gestanden, gleich neben der Tür, um jederzeit das Weite suchen zu können, falls ein besonders unverdächtig wirkender Passagier einsteigen

und sich daranmachen sollte, die Fahrscheine zu kontrollieren.
Christa schloß erleichtert die Augen. Luke kam sich schnell überflüssig vor und verließ auf Zehenspitzen das Zimmer. Er setzte sich wieder hinter seinen Schreibtisch und holte die angefangene Seite unter dem Info-Stapel hervor. Die Geschichte von dem durch die Galaxis irrenden Mädchen gefiel ihm besser denn je. Trotzdem mühte er sich vergeblich, den Satz zu vollenden, den er so plötzlich hatte unterbrechen müssen, als Christa vor einer guten halben Stunde mit immer ungeduldigerem Klingeln Einlaß begehrte.

8

Markus hatte sich wie immer verspätet. Die Delegiertenkonferenz hatte heute wieder besonders lange gedauert. Hannes, Theo und Luke waren mit dem Abendessen bereits fertig. Markus begnügte sich mit einem Teller kalter Bratkartoffeln und schmierte sich ein Butterbrot. Markus hielt nicht viel vom Essen. Es war für ihn ein notwendiges Übel. Der einzige Luxus, den er sich gönnte, war etwas Schnittlauch, feingeschnitten über das Brot verstreut.
Markus aß schweigend. Er hatte schon beim Eintreten gespürt, daß etwas im Gange war. Hannes rauchte hingebungsvoll eine Zigarette. Theo war gerade dabei, sich mit nicht weniger Inbrunst eine neue zu drehen. Luke tat nichts. Er fischte nur ab und zu ein paar Brotkrumen vom Tisch und kaute sie genüßlich wie Erdnüsse.
Es war Markus, der die Konversation begann und fragte: »Was ist das für ein Teller?«
»Was für ein Teller?« fragte Hannes zurück.
Markus ließ sich nicht für dumm verkaufen. Da stand

ein fünfter Teller, offensichtlich noch unberührt, samt Messer und Gabel auf dem Tisch. »Für wen ist der Teller?« fragte Markus erneut und deutete sicherheitshalber auf das Geschirr.

»Für Christa«, antwortete Theo.

»Wer ist Christa?«

»Mußt du doch wissen«, warf Hannes ein.

»Wieso ich?« Doch langsam dämmerte es Markus. Christa, hieß so nicht das Mädchen, das er letzte Nacht . . .?

»Rote Haare?« fragte Markus, »hennagefärbt – Afrolook?«

Hannes und Theo nickten. Nur Luke tat so, als ginge ihn das alles überhaupt nichts an, und kaute gelangweilt auf seinen Brotkrumen herum.

»Wollte sie kommen?« fragte Markus.

Hannes schüttelte den Kopf.

»Sie ist hier«, erläuterte Theo.

»Hier?«

»Sie schläft in Judiths Zimmer«, ergänzte Hannes. Erst vorhin hatten sie alle drei nach ihr geschaut, um sie zu fragen, ob sie etwas mitessen wolle. Auf ihr Klopfen rührte sich nichts. Luke öffnete zaghaft die Tür und betrat das Zimmer. Hannes und Theo folgten ihm vorsichtig mit einem Schritt Abstand. Die beiden hatten die Neuigkeit gerade erst erfahren und wollten es sich natürlich nicht nehmen lassen, einen Blick auf den geheimnisvollen Gast zu werfen.

Viel sahen sie nicht. Christa schlief bäuchlings auf der bloßen Matratze mit dem Gesicht zur Wand. Das war vor einer guten Stunde gewesen, und nichts ließ vermuten, daß Christa nicht immer noch schlief. Wahrscheinlich würden sie sie heute nicht mehr zu Gesicht bekommen. Dafür war Markus endlich da. Der hatte bestimmt eine Erklärung, warum er ausgerechnet diesem Mädchen Judiths ehemaliges Zimmer überließ.

Seit Judiths Auszug war das Zimmer zum Problem geworden. Es erhöhte den monatlichen Mietanteil für jeden einzelnen beträchtlich. Von den Genossen war gerade keiner auf Wohnungssuche. Man hatte schließlich eine Anzeige ins *Blatt* gesetzt. Markus ließ es sich nicht nehmen, eigenhändig den Text zu formulieren: *In unserer WG (268 qm + Garten) ist ein Zimmer (142 DM + Nk) frei für eine(n), der (die) bereit ist, mit uns (24 m, 27 m, 24 m, 21 m) gegen den Kapitalismus zu kämpfen. (Keine Freaks bitte!) Tel. 4305623. (Mehrmals versuchen.)*
Es meldeten sich mehr als zwei Dutzend Bewerber. Fast die Hälfte erschien zu einem persönlichen Vorstellungsgespräch. Unter ihnen befanden sich auch ein paar Spontis, die die Freaks betreffende Parenthese offensichtlich nicht auf sich bezogen hatten, aber von Markus schon bald durchschaut und abgewiesen wurden. Doch auch mit den seriöseren Bewerbern gab es Schwierigkeiten bei der Einschätzung der politischen Lage. Ganz gleich, ob es sich um Stalinisten oder Trotzkisten, um linientreue DKPler oder APO-Nostalgiker handelte, Markus verwies sie alle des Feldes. Nur wer bereit war, einen Schulungskurs der Partei zu besuchen, kam für ihn als neuer Mieter in Betracht.
Judiths Zimmer blieb leer, sosehr auch vor allem Theo und Hannes Markus' ablehnende Haltung in einigen Fällen bedauerten. Besonders Magda hatte es den beiden angetan, eine Jurastudentin im zweiten Semester, die mit einem schwarzgewürfelten Palästinensertuch um den Hals zum Vorstellungsgespräch erschienen war. Auch Luke war von ihr beeindruckt und zeigte sich gesprächiger denn je. Doch als Magda bei einer Tasse Tee verriet, daß sie sich der undogmatischen Linken zugehörig fühlte, hatte sie natürlich jede Chance verspielt. Hannes, Theo und Luke konnten Markus in diesem Punkt nicht umstimmen.

Wer war nun diese geheimnisvolle Christa, die über alle Konkurrenten um Judiths Zimmer den Sieg davontrug? War sie Mitglied der Partei oder bloße Sympathisantin? Besuchte sie den Schulungskurs oder hatte sie es gar schon zum Kandidatenstatus gebracht? Der undogmatischen Linken gehörte Christa sicher nicht an, davon waren Hannes und Theo überzeugt, um so begieriger wollten sie erfahren, was es mit ihrer neuen Wohngenossin auf sich hatte.
Markus war um eine Antwort verlegen. War er es nicht gewesen, der immer wieder gepredigt hatte, daß der wahre Genosse sich nur mit Genossinnen einläßt? Was auch immer man Christa zugute halten konnte, eins stand fest, eine Genossin war sie sicher nicht. Was hatte Markus sich nur dabei gedacht, ihr seine Adresse zu hinterlassen? Und was in aller Welt hatte Christa dazu gebracht, ihn noch am selben Tag aufzusuchen? Es gab nur eine Erklärung. Markus schämte sich beinahe, nicht früher darauf gekommen zu sein. Keine Frage, Christa hatte sich in ihn verliebt – und damit war alles nur halb so schlimm.
Einem verliebten Mädchen war leicht beizukommen. Markus mußte Christa nur rechtzeitig einweihen, damit sie sich vor den Genossen nicht in Widersprüche verwikkelte. So aus dem Schneider, gab Markus bereitwillig Auskunft. Nein, eine Kandidatin war Christa zwar nicht, aber Sympathisantin konnte man sie guten Gewissens nennen. Noch hatten sie nicht konkret darüber gesprochen, aber Markus war sich sicher, daß Christa demnächst auch den Schulungskurs der Partei besuchen würde. Wo sie sich kennengelernt hatten? In der Mensa. Man war zufällig auf Maos Tod zu sprechen gekommen. Und, nun ja, Christa war nicht ganz unbedarft. Man wurde sich jedenfalls bald einig in der Einschätzung der politischen Lage. Und da Christa ohnehin gerade was

zum Wohnen suchte, lag es doch nahe, es mal mit ihr zu probieren.
Hannes und Theo gaben sich damit vorläufig zufrieden. Luke schaltete den Fernseher ein. Es lief ein Film mit Alan Ladd. Markus ging nach oben in sein Zimmer. Er hatte noch zu arbeiten. Heute war er an der Reihe gewesen, das Protokoll zu führen. Jetzt machte er sich daran, seine handschriftlichen Notizen in die Maschine zu tippen.
Nach einer halben Stunde wurde Markus müde. Da half es auch nichts, daß er sich ausnahmsweise eine Zigarette gönnte. Letzte Nacht war er wahrlich nicht viel zum Schlafen gekommen. Markus vertagte das Ende des Protokolls und machte sein Bett. Er stand schon im Schlafanzug, als ihm Christa wieder einfiel.
Er mußte ihr noch die nötigen Instruktionen geben, damit sie sich morgen beim Frühstück nicht verriet. Insgeheim verzieh Markus ihr den Trouble, den sie durch ihr Erscheinen ausgelöst hatte. Im Gegenteil, er fühlte sich durch diesen Liebesbeweis geehrt. Wenn Markus ehrlich war, dann mußte er zugeben, daß er sich darauf freute, Christa wiederzusehen, wie sehr, das konnte nicht mal der Pyjama verbergen mit seinen viel zu weiten Hosen.
Judiths ehemaliges Zimmer lag dem von Markus gegenüber. Markus nahm seinen Wecker mit und machte sich auf den Weg. Christa lag noch immer angezogen auf der bloßen Matratze. Markus hielt nichts von solch provisorischen Nachtlagern. Er ging in sein Zimmer und kam mit Decke und Kissen gewappnet zurück. Als er die Decke über der Matratze ausbreitete, wachte Christa von dem Luftzug auf. Sie fühlte ein Kissen neben ihrem Gesicht und sah einen Typ im gestreiften Schlafanzug, der gerade dabei war, einen Wecker aufzuziehen.
Christa richtete sich auf. »Was soll das?«
Markus erschrak. Er hatte vorgehabt, Christa auf sanf-

tere Art zu wecken. Aber da es nun mal geschehen war, ließ Markus seiner Leidenschaft freien Lauf. Noch bevor Christa ahnen konnte, was auf sie zukam, hatte Markus sie schon unter seinem Körper begraben. Markus bedeckte ihr Gesicht mit Küssen und flüsterte ihr ins Ohr: »Ich liebe dich.«
»Was?«
Christa versuchte sich aus der Umklammerung zu lösen. Markus ahnte, daß er Christa mit seinem Eingeständnis überrascht hatte. Er ließ von ihr ab und blickte tief in ihre Augen, als er wiederholte: »Ich liebe dich.«
Jetzt erst erkannte Christa Markus wieder. Sie mußte lachen. Es tat ihr leid, aber sie konnte nicht anders. Sie hatte schon vieles erlebt, aber das ging zu weit. Selbst unten im Gemeinschaftsraum war ihr Gelächter zu hören. Alan Ladd kam nicht dagegen an. Hannes und Theo warfen sich einen Blick zu. Auch Luke wußte nicht, was er davon halten sollte. Alle drei hatten sie bereits geahnt, daß zwischen den beiden da oben was war. Trotzdem waren sie von den Socken. Was war Markus für ein Kerl, wenn er es schaffte, ein vor einer Stunde noch todmüdes Mädchen in eine so prachtvolle Stimmung zu versetzen?

9

Markus verbrachte die Nacht allein, ausnahmsweise ohne Kissen und zugedeckt nur mit seinem Wintermantel. Markus schlief schlecht in dieser Nacht. Er lag wach, lange bevor der Wecker, den er bei Christa vergessen hatte, in ihrem Zimmer klingelte.
Es war an der Zeit. Trotzdem stand Markus nicht auf. Er hatte den ersten Termin um halb neun, Sympathisantenplenum, das konnte notfalls auch ohne ihn stattfinden. Christa schlief friedlich. Sie träumte von ihrem Trip mit

Georg. *How do you feel,* sang die Jefferson Airplane. Das Weckergeklingel kam dagegen nicht an.

Markus mußte doch noch eingenickt sein. Denn als er wieder zu sich kam, war schon zehn vorbei. Aus der Küche hörte er Frühstücksgemurmel.

War es Gemurmel oder Gekicher? Was hatte Christa den Genossen alles erzählt? Markus duschte ausgiebiger als sonst und wechselte auch die Unterwäsche. Es half nichts. Er mußte nach unten zu den anderen gehen, wollte er sich nicht ganz und gar lächerlich machen.

Hannes, Theo und Luke saßen um den Tisch, als sei nichts geschehen. Auch Christa kam nicht auf den gestrigen Zwischenfall zu sprechen. Sie aßen Rührei mit Schinken. Das hatte es zum Frühstück noch nie gegeben.

»Morgen«, murmelte Markus.

Der eine oder andere murmelte zurück. Christa warf ihm nur einen Blick zu, den Markus möglichst gleichgültig erwiderte.

Dann setzte er sich und aß das restliche Rührei. Luke las die Wochenendausgabe der *SZ*. Weder Hannes noch Theo machten ihm heute einen Teil der Zeitung streitig. Sie waren ganz damit beschäftigt, den ideologischen Standpunkt ihrer neuen Genossin zu ergründen. Und was war besser dafür geeignet als ein Gespräch über die augenblickliche politische Lage in China?

Christa wußte Bescheid. Sie verhehlte nicht ihre Bewunderung für Tschiang Tsching. Nicht weil die den linken Flügel der KPCh repräsentierte, das kümmerte Christa nur wenig, sondern allein, weil sie es als Frau geschafft hatte, sich gegenüber dem patriarchalischen Herrschaftsklüngel durchzusetzen. Und was den betraf, nahm Christa auch den großen Vorsitzenden nicht aus.

Hannes und Theo widersprachen entschieden. Natürlich besaß Tschiang Tsching auch ihre ganze Sympathie. Aber war es nicht gerade Mao Tse-tung gewesen, der nie müde geworden war, die Gleichberechtigung zwischen Mann und Frau zu fordern. Theo zitierte den großen Vorsitzenden wortwörtlich aus seiner *Vorbemerkung zum Artikel »Projekt des Demokratischen Frauenbundes des Kreises Hsingtai über die Entfaltung der Arbeit unter den Frauen in der landwirtschaftlichen Genossenschaftsbewegung«.*

Gleicher Lohn für gleiche Arbeit, hieß es da, das war wahrlich ein kühner Satz, den sich auch manche freiheitlich-demokratische Grundordnung hinter die Ohren schreiben könnte. Doch trotz solcher progressiven Worte blieb Christa skeptisch. Zu oft hatte sie die Diskrepanz zwischen Theorie und Praxis schmerzhaft am eigenen Leib erfahren müssen. Warum sollte es da der Genossin Tschiang Tsching anders ergangen sein mit ihrem Gemahl Mao Tse-tung?

Das war der Stand der Dinge, als Markus das unverhoffte Rührei aß. Ihm war gleich klar, daß es sich hier um gezielte Provokationen handelte. Wie lange sollte er sich noch das Gefasel mit anhören? In seiner Gegenwart wurde der große Vorsitzende nicht beleidigt. Markus fackelte nicht lange und entzog Christa das Wort.

Christa konnte darüber nur lachen.

Auch Hannes und Theo kamen nicht umhin, in diesem Fall zu opponieren: »Du kannst uns nicht den Mund verbieten.«

»Habt ihr vergessen, was wir vorgestern ausgemacht haben?« fragte Markus.

Hannes und Theo erinnerten sich. Man hatte vereinbart, jede Diskussion über die Machtkämpfe in Peking zu meiden, insbesondere Tschiang Tsching und ihre Viererbande nicht mehr zu erwähnen, und zwar so lange, bis das ZK diesbezüglich verbindliche Richtlinien erlassen hatte.

»Scheiß auf die Parteidisziplin«, murmelte Theo.

»Das will ich nicht gehört haben!« erklärte Markus kategorisch.
»Was für eine Parteidisziplin?« fragte Christa und blickte voller Unschuld von einem zum anderen. »Was für eine Partei?«
»Wie?« fragte Theo.
»Bist du etwa keine Genossin?« erkundigte sich Hannes.
Luke sagte nichts. Immerhin blickte er von seiner Zeitung auf, obwohl er gerade beim Sportteil angelangt und natürlich neugierig war, in welcher Aufstellung die 60er am Nachmittag antreten würden.
Markus nahm Christa die Antwort ab. Nein, Christa war keine Genossin und würde es wohl auch nie im Leben werden. Markus kam nicht umhin, Selbstkritik zu üben. Ja, er hatte sich in Christa geirrt. *Aus früheren Fehlern lernen, um künftige zu vermeiden,* hatte der große Vorsitzende gesagt. Markus hatte gelernt und verkündete seinen Entschluß. Es war für alle Beteiligten das beste, wenn Christa ihre Sachen packte und sich aus dem Staub machte. Schließlich waren sie hier eine Zelle, die eine politische Aufgabe zu erfüllen hatte. Wo kämen sie hin, wenn sie jedes dahergelaufene ausgeflippte Mädchen bei sich aufnehmen würden? Christa hatte zu verschwinden – und zwar sofort!
Luke legte jetzt doch die Zeitung beiseite.
»Nun mal langsam«, meinte Theo.
»Brich nichts übers Knie«, fügte Hannes hinzu.
Doch Markus ließ keinen Widerspruch aufkommen. Es war an der Zeit, die Machtverhältnisse ein für allemal zu klären. Letztlich war Markus der Kader. Er hatte auch den Mietvertrag für das Haus unterzeichnet. »Wem was nicht paßt, der kann ja gehen!« Markus stand auf. »Wer sich der Parteidisziplin nicht unterwerfen will, dem steht es jederzeit frei, auszuziehen.« Markus ging aus dem Zimmer. An der Tür blieb er stehen und wandte sich ein

letztes Mal Christa zu: »Was dich betrifft – wenn ich zurückkomm, will ich dich nicht mehr sehen. Ist das klar?« Ohne eine weitere Antwort abzuwarten, verließ Markus das Haus.

10

Markus hatte sich wie immer verspätet. Die Kadersitzung hatte heute wieder besonders lang gedauert. Es dämmerte bereits, als er nach Hause kam. Markus wunderte sich, daß nirgends Licht brannte. Er klingelte, aber es rührte sich nichts. Markus mußte seinen eigenen Schlüssel hervorkramen. Ein Glück, daß er ihn immer in der Tasche hatte.

Kein Tisch war gedeckt. Selbst der Fernseher war nicht eingeschaltet, vor dem sonst Hannes, Theo und Luke immer ihre Abende verbrachten. Markus ging in die Küche, um sich ein paar Eier in die Pfanne zu schlagen. Er sah sie auf den ersten Blick. Es waren nur mehrere Din-A4-Blätter, nebeneinander mit Tesafilm über dem Kühlschrank befestigt. Aber Markus war nicht auf den Kopf gefallen. Er erkannte sofort, daß es sich um eine Wandzeitung handelte.

THESEN ZUR DEMOKRATIE IM SOZIALISMUS – GEWIDMET DER GENOSSIN TSCHIANG TSCHING UND DER GROSSEN PROLETARISCHEN KULTURREVOLUTION, so stand es mit dikken Lettern über dem Kühlschrank geschrieben. Markus mußte nähertreten, um das weitere lesen zu können. Es war eine minuziöse Handschrift, die Markus nicht kannte und wohl Christa gehörte. Den Text jedoch mußten alle vier gemeinsam verfaßt haben, dafür sprachen allein die geschickt ausgesuchten Mao-Zitate, die wohl Theo und Hannes beigesteuert hatten.

Wie zu erwarten war, begann alles mit einem Wort des großen Vorsitzenden. *Ohne Niederreißen kann es keinen Aufbau geben,* hatte der gesagt. Dem schlossen sich ein paar Überlegungen an, die an die Parolen der großen proletarischen Kulturrevolution erinnerten. Es war von Genossen die Rede, die sich als verkappte Kleinbürger entpuppten, Revisionisten und Rechtsopportunisten, für die der revolutionäre Marxismus nur noch ein Lippenbekenntnis war.
Soviel zur Theorie, dann ging man zur Praxis über. Konkreteres kam zur Sprache. Was ist schon ein Mietvertrag? wurde zum Beispiel gefragt und auch gleich die Antwort darauf gegeben. Nichts anderes als ein schriftlich fixiertes kapitalistisches Ausbeutungsverhältnis! Und was ist das für ein Revolutionär, der sich von toten Buchstaben ins Bockshorn jagen läßt?! Das Haus war besetzt! Und damit basta! Allenfalls die Bullen konnten sie daraus vertreiben. *Es lebe die Weltrevolution,* lautete die letzte These des frechen Pamphlets. Unterzeichnet war es mit DIE VIERERBANDE.
Markus war sprachlos. Gott sei Dank war ohnehin keiner in der Nähe, der eine Stellungnahme von ihm erwartete. Markus riß erst mal die Zettel von der Wand. Der Abfalleimer war schon übervoll, und Markus hatte Mühe, die Wandzeitung hineinzustopfen. Dann besann er sich wieder, was er in der Küche wollte. Markus stellte die Pfanne auf den Herd und ließ die Eier braten, während er sich ein Butterbrot schmierte und es mit Schnittlauch bestreute.
Markus aß im Gemeinschaftsraum. Er knipste alle Lichter an und schaltete auch entgegen seiner sonstigen Gewohnheit den Fernseher ein. Im ersten Programm lief eine Dokumentation über Fischfang vor Island, im zweiten eine Show mit neckischem Fernsehballett, die Österreicher brachten wieder mal nur Sport, doch im dritten

Programm gab es *Gentlemen Prefer Blondes*, zwar nur noch das Ende, doch immerhin ein Spielfilm mit Marilyn Monroe, die Markus, wenn er ganz ehrlich war, gar nicht so übel fand.

Markus holte sich ein Bier aus dem Kühlschrank und sah sich den Schluß des Films an. Dann schaltete er den Fernseher aus und löschte das Licht. Er ging nach oben in sein Zimmer. Eigentlich wollte er noch was arbeiten. Aber er war nicht in Stimmung. Einen Augenblick dachte er daran, sich einen abzuwichsen. Er verschob es aber dann doch auf ein andermal und machte das Bett.

Er konnte nicht schlafen. Die Wandzeitung ging ihm nicht aus dem Kopf. Wie war dieser Palastrevolte beizukommen? Eine offizielle Kündigung blieb sicher ohne Wirkung. Sollte Markus wirklich die Polizei zu Hilfe holen? Mit den Bullen gemeinsame Sache zu betreiben, das war auch nicht gerade Propaganda und sprach sich bestimmt schnell herum in den Kreisen, in denen die Partei für jede Wählerstimme dankbar war.

Markus hatte sich noch zu keiner Entscheidung durchgerungen, als Hannes, Theo, Luke und Christa nach Hause kamen. Es war zwei vorbei. Sie hatten sich ein Taxi genommen und waren guter Dinge, als sie die Haustür aufsperrten und mit viel Gekicher und Getöse die Treppe zum ersten Stock hochstiegen. Markus hätte längst eingeschlafen sein können, trotzdem nahmen sie nicht die geringste Rücksicht. Markus war klar, sie mußten betrunken sein. Schließlich hatten sie allen Grund zu feiern. So eine Viererbande gründet man nicht alle Tage.

Markus blieb lange wach in dieser Nacht. Hannes, Theo und Luke und natürlich auch Christa hatten sich in Judiths ehemaligem Zimmer versammelt. Luke mußte seinen Kassettenrecorder beigesteuert haben, jedenfalls war Bob Dylan nicht zu überhören. Der eine kicherte, der

andere grunzte, während Christa mit ihrem schamlosen Gelächter sie alle übertraf. Markus konnte sich gut vorstellen, was da im Zimmer gegenüber alles im Gange war. Alle vier auf einer Matratze, bestimmt hatte Christa wieder mal einen ihrer Joints gedreht, und der ging jetzt von Mund zu Mund, während sich die verschiedensten Hände tastend näherkamen. Und Bobby sang zu alledem: *and if my thought-dreams could be seen, they'd probably put my head in a guillotine.*
But it's alright, Ma, it's life, and life only. Markus träumte von einem pompösen Trauermarsch. Aber diesmal war es keine Oper. Es waren die offiziellen Kondolenten, die an dem Sarg vorbeidefilierten. Sie trugen Arbeitskluft und Mützen, die sie abnahmen, und wenn man genau hinsah, dann erkannte man, daß es Chinesen waren, die ihrem großen Vorsitzenden die letzte Ehre erwiesen. Ja, es war Maos Sarg. Aber lag nicht Markus in ihm und nahm mit unbewegtem Gesicht die Beileidshuldigungen entgegen? Und war da nicht Tschiang Tsching unter den Trauergästen? Und tanzte sie nicht wie auf einem Freudenfest? Und folgte ihr nicht die Garbo Arm in Arm mit Marilyn? Auch die beiden waren frohgesinnt und tanzten ausgelassen. Überhaupt waren es immer mehr Frauen, die dem Sarg ihre Aufwartung machten. Aber da war plötzlich kein Sarg mehr und auch keine Trauer, nur noch Heerscharen ekstatischer Weiber, die sich aufführten wie bei einer Walpurgisnacht. Und in dem Gewühle, zwischen Hexen und Nonnen, Markus sah es ganz genau, stand Tschiang Tsching zusammen mit der Garbo und Marilyn. Sie ließen einen Joint rumgehen so groß wie eine Zigarre. Weiß der Teufel, über was sie so zu kichern hatten.

11

Während die Viererbande in Peking Hua Kuo-feng unterlag und Tschiang Tsching auf Wandzeitungen bald als Hure und Hexe verschrien war, hatte Christa mit ihren drei Genossen auf der ganzen Linie Erfolg. Das Haus in Trudering blieb über ein Jahr besetzt. Am 15. September 1977 wurde es von einem mit Maschinenpistolen bewaffneten zwanzigköpfigen mobilen Einsatzkommando umstellt. Bei der Durchsuchung des verdächtigen Anwesens gingen ein Drittel des Küchengeschirrs, ein Dutzend LPs und auch die Glaswand der alten Kommode zu Bruch, die Hannes seiner Großmutter abgestaubt hatte. Da Gefahr im Verzug war, kam man nicht umhin, die Abfalleimer über dem Teppich auszuleeren. Daunendecken und das Sofa im Gemeinschaftsraum wurden aufgeschlitzt, aber es fanden sich keine Indizien für eine konspirative Tätigkeit. Die 24jährige Christa Z. wurde wegen Verstoßes gegen das polizeiliche Meldegesetz vorübergehend festgenommen und erkennungsdienstlich behandelt. Trotz intensiver Befragung gelang es der Staatsanwaltschaft nicht, eine Verbindung zwischen Fräulein Z. und jenen gesuchten Terroristen der Roten Armee Fraktion nachzuweisen, die am Montag der vorangegangenen Woche den Arbeitgeberpräsidenten Hanns-Martin Schleyer entführt und vier seiner Begleiter erschossen hatten. Als Christa entlassen wurde, war bei Herrn Markus K., Goldregenweg 27, die Kündigungsklage des Vermieters bereits eingetroffen. Markus kam bei Genossen unter. Hannes und Theo teilten sich ein viel zu teures Apartment im Olympiadorf. Luke trampte mit Christa nach Indien. Ein Jahr später sollen sie in Peru aufgetaucht sein. Seitdem hat man nichts mehr von ihnen gehört.

Der dialektische Feminismus

1

Hermann führte ein Doppelleben. Genaugenommen war es kaum mehr als eine doppelte halbe Stunde, die er seinen Freunden und Bekannten verschwieg. Obwohl seine Doktorarbeit die disfunktionalen Folgen von Kommunikationsstörungen in Zweierbeziehungen zum Thema hatte, hüllte sich Hermann auch gegenüber seiner Lebensgefährtin Lisa in Schweigen. Die glaubte ihn an jedem ersten Donnerstag im Monat in einem die Bewältigung von Konfliktstrategien im Spätkapitalismus erörternden Arbeitskreis, während Hermann in Wahrheit einer Beschäftigung nachging, die er weder vor sich noch der Welt rechtfertigen konnte.

2

Hermann und Lisa kannten sich seit ihrer Studentenzeit. Und obwohl Fakultäten sie trennten, er studierte Soziologie an der staatswirtschaftlichen, sie Philosophie, verlief ihre Entwicklung gemeinsam. Fast gleichzeitig wurden sie Assistenten ihrer Doktorväter. Hermann promovierte ein halbes Jahr früher. Seine dialektische Kommunikationstheorie erregte in Fachkreisen einiges Aufsehen und wurde Ende der sechziger Jahre als Paperback veröffentlicht.

Lisas Karriere begann weniger spektakulär. Zwar wurde Hermann Lehrbeauftragter und damit eine lokale Berühmtheit als vielzitiertes Beispiel für den herrschenden Pluralismus an einer sonst eher dem Weltbild christlich-sozialer Kultusministerialbürokratie entsprechenden

Universität. Lisa aber verstand es besser, die christliche Perspektive mit ihrem auch nach Übernahme ins Beamtenverhältnis nie ganz erloschenen sozialen Engagement zu verbinden. Sie scheute nicht einmal davor zurück, ein Proseminar über urchristlichen Kommunismus anzusetzen, um dann die neugierig gewordene Studentenschar mit der Botschaft des Matthäus-Evangeliums vertraut zu machen, selbstverständlich angereichert und schmackhaft gemacht mit Zeitbezüge herstellenden Exkursen und vereinzelten Marx-Engels-Zitaten. Lisa zählte zu den ordentlich genannten Professoren ihrer Fakultät, und der einzige Mangel, der ihr in manchen Augen vielleicht anhaftete, war ihre Lebensgemeinschaft mit Hermann.
Hermann ahnte nicht, daß er Lisas erster Mann gewesen war. Er hatte es bislang noch nie mit einer Jungfrau zu tun bekommen, und auch mit erfahreneren Partnerinnen war es mitunter beschwerlich und klappte erst beim zweiten Versuch. Er hatte sie für sich eingenommen mit Zärtlichkeiten, die in Wahrheit nichts als nervöse Streichelbewegungen waren, mit denen er seine eigene Unsicherheit zu überspielen versuchte.
Am nächsten Morgen war das Laken zwar blutbefleckt – für Hermann, der damals noch zur Untermiete wohnte, eine peinliche Angelegenheit –, aber er gab sich zufrieden mit Lisas Erklärung, auf die er eigentlich selbst hätte kommen können. Noch vor dem Frühstück kam es zu einer erneuten Begegnung, und Lisa, die insgeheim befürchtet hatte, Hermann könnte sich von dem von ihr vorgetäuschten unreinen Zustand abgestoßen fühlen, erlebte eine neue Woge von Zärtlichkeit, jene unentwegten Streicheleien, unter deren Schutz Hermann sein Ansinnen vorbrachte.
Lisa hatte ihn gefunden, nicht den Mann fürs Leben, so altmodisch dachte sie nicht, doch einen, mit dem man auskommen konnte – eine kontinuierliche Zweierbezie-

hung, mal sehen wie dauerhaft. Auch Hermann mußte sich eingestehen, in Lisa verliebt zu sein. Mit keiner Kommilitonin konnte er so fruchtbare Diskussionen führen, die bei allen weltanschaulichen Differenzen nie ihre wissenschaftliche Zielsetzung aus den Augen verloren. Aber das war nicht der einzige Grund. Mit Lisa verstand er sich auch in weniger akademischen Belangen und verlor allmählich seine Befangenheit.

Nur das nervöse Streicheln blieb und wurde von Lisa nach wie vor geschätzt. Genaugenommen begann schon hier Hermanns Doppelleben. Denn so zärtlich seine Fingerspitzen auch am Werk waren, in Gedanken schändete er Lisa mit Worten, die alles andere waren als ein Minnegesang und die sie ihm nie verziehen hätte, wären sie auch nur ein einziges Mal versehentlich über seine Lippen gekommen.

Lisa ahnte nichts von den sie demütigenden Stimulationen. Für Lisa war es eine harmonische Beziehung. In den Augen ihrer Freunde und Bekannten galt ihr Verhältnis als ein Vorbild nicht-repressiver Partnerschaft. Es lag deshalb für Lisa nahe, mit Hermann zusammen ein interdisziplinäres Seminar über Fragen der Frauenbewegung zu veranstalten, Mitte der siebziger Jahre, als das Thema ins Bewußtsein einer breiteren Öffentlichkeit rückte.

Lisas Absicht war, mit einem nicht ganz unkomplizierten Hypothesengerüst die Wurzeln des im Moment so modischen Feminismus aus dem Alten Testament, insbesondere dem Buch Esther, abzuleiten. Hermann hingegen plante, jenes von ihm entwickelte kommunikations-kybernetische Modell sozialen Wandels mit den bislang unberücksichtigten Teilsystemen F_d, F_u und F_a zu ergänzen, wobei das erstere hauptsächlich die dogmatische, das zweite selbstverständlich die undogmatische und F_a die Frauenbewegung im allgemeinen beinhaltete.

3

Sowohl die persönlichen als auch die ihre interdisziplinären Forschungsbemühungen betreffenden Folgen wären nicht abzusehen gewesen, hätte Hermann seiner Kollegin und Lebensgefährtin gestanden, welcher fragwürdigen Beschäftigung er nachging, während Lisa ihn mit der Bewältigung ihr nicht ganz geheurer spätkapitalistischer Konfliktstrategien beschäftigt glaubte. War dieser Arbeitskreis auch nur ein Vorwand, Hermann wußte sehr genau, daß die Wurzel eines jeden Kapitalismus die Ausbeutung ist, und wenn auch im speziellen Fall der Mehrwert nicht genau auszumachen war, so ahnte Hermann doch, daß die verabscheuungswürdigste Form der Ausbeutung die Herabwürdigung von Sexualität zur bloßen Ware ist.
Natürlich hatte auch Hermann einmal von der käuflichen Liebe geträumt und oft genug jene Gassen umstrichen, in denen sie zu haben war. Doch in welch abenteuerlichen Farben sich auch Hermann seine erste Liebesnacht ausmalte, nie hatte er es gewagt, auf einen solch schnöden Handel einzugehen. Erst nach langjähriger Zweierbeziehung fand Hermann heraus, daß die käufliche Liebe nichts mit den blumigen Träumen unerfahrener Pennäler zu tun hatte. Wer sich eine Lulu oder gar einen blauen Engel erhoffte, tat besser, sich an die Pipimädchen der Discotheken zu halten. Nein, es waren Männer von Welt, die es wie Hermann in ihrem Leben schon zu etwas gebracht hatten, denen eigentlich jene Kleinanzeigen galten, mit deren Hilfe junge, hübsche Mädchen, meist schlank und blond, für ihre knapp bemessene Freizeit Kontakt mit seriösen, nicht selten Gentlemen genannten Herren suchten, die gutsituiert und großzügig zu sein hatten.
Hermann trug die Haare weit über den Nacken und

wollte auch mit steigendem Einkommen von seinen Jeans nicht lassen. In seinen Augen war er alles andere als seriös, und was den Gentleman betraf, darüber konnte er nur lachen. Doch gutsituiert, das konnte man Hermann guten Gewissens nennen. Inzwischen wußte er sich unter Freibeträgen und Progression schon konkret etwas vorzustellen und gab auch im Gegensatz zu früher zu Steuerreformen ein differenzierteres, nahezu ausgewogenes Urteil ab.
Hermann und Lisa hatten es zu einigem Wohlstand gebracht, und wenn er auch gern eine Videoanlage besessen hätte und sie sich eine Kugelkopfschreibmaschine wünschte, waren sie doch mit dem Erreichten zufrieden: eine Dachterrassenwohnung mit Stereoanlage und Farbfernseher, dazu zwei Wagen der gehobenen Mittelklasse in der Tiefgarage, und einmal im Jahr leisteten sie sich eine große Reise. Zuletzt waren sie in Kenia, wo es Hermann gelang, einen ganzen Nomadenstamm zu einem gruppendynamischen Experiment zu überreden.
Hermann kam es längst nicht mehr auf einen Hunderter an. Er war auch großzügig mit dem Trinkgeld, wenn es der Ober verdient hatte. Hermann konnte es sich leisten. Warum nicht auch mal einen schnellen Fick? Zur Abwechslung ganz ohne Liebkosungen erheischendes Vorspiel. Auch ohne zärtlichen Ausklang nach getaner Tat. Und ganz bestimmt ohne Trost, den er Lisa immer spenden mußte, wenn er wieder mal schneller war als sie und versprach, es beim nächsten Mal besser zu machen – was in der Regel hieß: nicht vor übermorgen.
Warum nicht einmal nur dem eigenen Lustgewinn nachgehen? Keine Gedanken mehr an fremde Orgasmen verschwenden müssen. Mal eine ganz auf die schnelle nehmen. Die Beine breit machen lassen – und nichts wie rein! Hermann kam nicht umhin, neben Erregung bei diesem Gedanken auch Skrupel zu empfinden. Sprach er

nicht oft vom gesellschaftlichen Zwang zur Prostitution und meinte mit ihr nichts anderes als ein besonders herausragendes Beispiel von Entfremdung in spätkapitalistischen Verhältnissen? Aber von Ausbeutung konnte letztlich keine Rede sein, steckte Hermann doch bei dieser Transaktion keinen kapitalakkumulierenden Mehrwert ein.

4

Donnerstags traf sich Hermann regelmäßig mit ein paar alten Freunden. Man kannte sich noch aus den APO-Zeiten, hatte auch mal einen gemeinsamen Arbeitskreis gegründet, aber schon seit langem nicht mehr über einen der verzwickten Wege zum Sozialismus diskutiert, sondern es mit der Zeit für nötiger gehalten, mehr auf privater Ebene zu kommunizieren, bei ein paar Klaren mit Bier und hin und wieder einem scharfen Skat.

Ein paar hatten inzwischen geheiratet, andere bevorzugten wie Hermann formlosere Lebensgemeinschaften, fast allen machte ihre kontinuierliche Zweierbeziehung zu schaffen, so daß man den offiziellen Anlaß der Zusammenkünfte beibehielt. Die Bewältigung von Konfliktstrategien im Spätkapitalismus hatte man damals erörtern wollen, und es traf sich gut, daß dieses nostalgische, in Lisas Augen sogar agitatorische Thema bei keiner der Gefährtinnen von Hermann und seinen Freunden auch nur auf einen Funken Interesse stieß.

Die Männer waren lieber unter sich. Unbesorgt durften sie zum Bier auch Schnäpse kippen, ohne auf die anfällige Leber aufmerksam gemacht zu werden. Auch konnte man ein paar Sätze über das letzte Europapokalspiel verlieren und mußte nicht gleich befürchten, daß eine philosophisch geschulte bessere Hälfte Breitner und Gra-

bowski ins Abseits laufen ließ und mit formvollendeten Adorno-Sätzen die Trivialität solcher Massenvergnügungen auf einen kulturkritischen Nenner brachte.
Lisa war nicht eifersüchtig, aber sie ließ sich ganz gern erzählen, was Hermann tagsüber so trieb, und legte auch wert darauf, nach in der Regel getrennt verlaufender Lehr- und Forschungstätigkeit wenigstens die Abende gemeinsam zu verbringen. So kam der sogenannte Arbeitskreis Hermann ganz gelegen. Natürlich wunderten sich die Freunde, als Hermann eines Donnerstags sich um eine Stunde verspätete. Doch auf ihre Verschwiegenheit war Verlaß. Hermann weihte sie ein. Ja, er hatte ein Verhältnis. Nur wie es sich genauer mit dem verhielt, den warenhaften Charakter seiner Liaison, verschwieg er ihnen.

5

Sie wohnte im Osten der Stadt in einem jener extravaganten Apartmenthochhäuser, die Ende des Baubooms Mode waren und noch immer Mühe hatten, ihre Mieter zu finden. Hermann wußte, daß er den zweiten Eingang nehmen und mit dem Lift zur siebten Etage fahren mußte. Dort fand er dann auf dem linken Korridor wie versprochen eine Tür, die kein Namensschild aufwies, nur die Apartmentnummer: 714.
Hermann hatte sich für knapp zwei Zeilen in einem regionalen Anzeigenblatt entschieden. Es war die schlichte Formulierung, die ihn seine Wahl treffen ließ. Nur von einem jungen, hübschen Mädchen, in Klammer zweiundzwanzig, war die Rede, das Herrenbekanntschaften suchte und seine Telefonnummer beifügte. Hermann hatte angerufen, zu der Stimme sogleich Vertrauen gefaßt und sich die Adresse geben lassen.

Er wurde von einer riesigen Dogge empfangen, die Hermann nicht ganz wohlgesonnen beschnupperte, sosehr sie auch von dem jungen, hübschen Mädchen (22) mit Schmeicheleien und handfesten Drohungen auf ihren angestammten Platz verwiesen wurde. Das Mädchen verschaffte sich schließlich Gehör und bat Hermann einzutreten, mit einer durchaus nicht unfreundlichen Unverbindlichkeit, wie man sie sowohl dem Geldbriefträger als auch dem Gerichtsvollzieher gegenüber an den Tag legt. Ja, sie war auf ihre Art hübsch, und die zweiundzwanzig Jahre konnten durchaus stimmen. Sie trug Jeans, ein weißes T-Shirt und halblanges Haar. Unvoreingenommen hätte man sie für die Verkäuferin in einer Second-Hand-Boutique halten können oder für eine Germanistikstudentin im zweiten Semester, wäre nicht jenes etwas zu dick und offensichtlich frisch aufgetragene Make-up gewesen.

Das Mädchen führte Hermann in ein geräumiges Apartment mit einem unverfänglichen Tisch und drei Stühlen, dazu ein französisches Bett, nun ja, es war schwarz bezogen, und über dem Kopfende hing in Hochglanzpapier ein Playmate aus einem Herrenmagazin. Eine Illustrierte, ein aufgeschlagenes Buch und ein Plattencover lagen herum. Das Cover gehörte zu einer Janis-Joplin-Platte, die Illustrierte dem liberaleren Medienkonzern, und den Titel des Buches konnte Hermann nicht entziffern, sonst gab es nichts, was Aufschluß über die Bewohnerin des Apartments hätte geben können. »Setzen Sie sich doch.«

Hermann nahm Platz.

Das Mädchen setzte sich ebenfalls und schenkte sich ein Glas Orangensaft ein. »Wollen Sie auch einen Schluck?«

»Danke – gern.«

Das Mädchen goß Hermann ein Glas ein. »Ich heiße Carmen.«

Hermann nickte nur und trank einen Schluck von dem Saft. »Einen schönen Hund haben Sie.«
Carmen nickte. »Eine Dogge, genaugenommen eine Doggin. Sie heißt Pat. Ein kluges Tier.« Pat ließ vom Flur ein Jaulen vernehmen, als ob sie geahnt hätte, daß von ihr die Rede war. »Sie kann ganz allein die Tür öffnen«, meinte Carmen und fügte hinzu: »Natürlich nur, wenn sie gerufen wird.«
Hermann zog seine Brieftasche und legte einen Schein auf den Tisch. »Hundert Mark haben Sie am Telefon gesagt.«
»Wenn Sie keine Sonderwünsche haben.«
Hermann hatte keine Sonderwünsche. Trotzdem legte er einen Fünfziger dazu. Hermann wußte, wann es vorteilhafter war, das Trinkgeld im voraus zu geben.
Carmen verstaute die Scheine im Schrank – zu schnell für Hermann, um genau sehen zu können, wo – und kam, von Hermanns Großzügigkeit wohl doch animiert, mit einem alten Pappkarton wieder. »Vielleicht gefällt Ihnen was.«
Der Karton enthielt eine Ledermontur, dazu mehrere Stücke Reizwäsche, mal rot, mal schwarz, und einen überdimensionalen Kunststoffpimmel, den Hermann etwas ratlos betrachtete. Aber so einen Hüftgürtel mit womöglich schwarzen Strümpfen fand Hermann im Grunde genommen ganz erregend, obwohl er natürlich von der Verwerflichkeit dieser Art von Dessous wußte und auch im Traum nie daran denken würde, von seiner Lebensgefährtin Lisa zu verlangen, solch flittchenhaftes Beiwerk am eigenen Leib zu tragen.
Hermann entschied sich für die Strapskollektion mit Ausnahme des dazu passenden BHs, denn Hermann hatte was übrig für handfeste Brüste und wollte es mit dem Fetischismus auch nicht übertreiben.
»Wollen Sie sich frisch machen?«

Hermann schüttelte den Kopf. Vor einer Stunde hatte er erst geduscht. Aber Carmen wollte und verschwand mit dem Karton unter dem Arm, nachdem sie ein weißes Bettlaken über den schwarzen Seidenbezug gebreitet und auf einen Stapel Hefte gedeutet hatte. »Falls Sie schon mal ein wenig in Stimmung kommen wollen.«
Als Carmen zurückkam, trug sie die gewünschte Kostümierung. Carmen setzte sich auf die Bettkante und mußte Hermanns Erregung nicht mehr groß nachhelfen. Mühelos ließ sich die Schutzhaut überziehen. Carmen streichelte sie, bis es Hermann des Guten zuviel war und er ihre Hand von sich nahm.
Carmen zeigte sich von dieser Zurückweisung nicht sonderlich gekränkt. »Na, wie hast du's denn gern?«
Das war schnell gesagt: von hinten mit drei Kissen unter dem Bauch und gespreizten Schenkeln. Außerdem würde er ihr auch gern noch die – »nun, deine Hinterbacken halt« – auseinanderdrücken. »Das macht dir doch nichts aus?« fragte Hermann Carmen, besorgt, daß sein letzter, offensichtlich voyeuristischer Wunsch schon zu den Sonderwünschen zählte.
Carmen machte es nichts aus. Ohne Zuschlag stopfte sie sich auch noch ein viertes Kissen unter ihren Bauch, brachte ihre Schenkel in die gewünschte Position und erlaubte Hermann auch, sich an ihren Backen zu vergreifen, jedoch nicht, ohne ihm vorher das Versprechen abgenommen zu haben, keine Druckstellen zu hinterlassen.
Mit vier Kissen hatte Carmen genau die richtige Höhe, während Hermann aufrecht zwischen ihren schwarzbestrumpften Schenkeln kniete und die gute Sicht genoß. Dieser Schlund war ihm noch nie geheuer gewesen. Schon immer hatte er sich von ihm herausgefordert gefühlt. Da war ein Loch, das es zu stopfen galt. Im Grunde waren sie für Hermann alle gleich. Eine wie die andere – Votzen, nur dazu da, aufgerissen zu werden!

Und Hermann nahm sie sich vor, besorgte es ihr gehörig, rammte ihr seine Stange in den Leib, spießte sie auf, gab ihr den Rest. Für Lisa war es immer eine Vereinigung gewesen. Endlich durfte Hermann seine Gedanken laut werden lassen. Dieser kleinen Drecksnutte wollte er es zeigen. Bei ihr war er nicht zum Schweigen verurteilt. Doch je weniger er Carmen über seine Ansichten im unklaren ließ, um so demütiger streckte sie sich ihm auf dem Kissenberg entgegen, wohl wissend, daß jede Art von Stimulation dieser Angelegenheit nur ein schnelleres Ende bereiten würde.

6

Lisas und Hermanns interdisziplinäres Seminar über Fragen der Frauenbewegung war ungewöhnlich gut besucht. Nur wer einen entsprechenden Proseminarschein der staatswirtschaftlichen oder philosophischen Fakultät vorweisen konnte, war als Teilnehmer zugelassen. Trotzdem war der Raum beim ersten Treffen überfüllt. Eine Menge Neugieriger hatte sich eingefunden. Viele mußten stehen. Nur wer eingeschrieben war und ein Referat hielt, hatte Anrecht auf einen Stuhl.
Hermann ließ Lisa den Vortritt. Sie führte die versammelte Zuhörerschaft in die Problematik des Feminismus ein und verstand sogleich Interesse zu wecken, indem sie Norman Mailers Beschreibung eines Analverkehrs mit sichtlichem Abscheu, aber doch wortwörtlich als ein wahrhaft abschreckendes Beispiel von Mannestum zitierte. Die Verwerflichkeit dieses Tuns stand auch für Hermann außer Zweifel. Trotzdem folgte er nicht ohne innere Anteilnahme der Mailerschen Vision.
Da fiel Hermanns Blick auf sie. Sie stand ganz hinten, gegen die Wand gelehnt, bei den Erstsemestern, die nicht

wußten, daß nur die ersten beiden Stuhlreihen für die eingeschriebenen Seminarteilnehmer reserviert waren. Sie trug dieselben Jeans und auch das weiße T-Shirt, das Hermann bereits kannte, nur war sie natürlich längst nicht so verführerisch geschminkt, genaugenommen war nicht die Spur eines Make-ups an ihr zu sehen.

Natürlich hatte sie Hermann längst entdeckt. Und der ahnte sehr wohl, daß auch ihr die Ähnlichkeit nicht verborgen blieb, die zwischen Mailers obszönen Sätzen und jener unbeholfeneren Wortwahl bestand, mit der Hermann sich jeden ersten Donnerstag im Monat an Carmen zu schaffen machte. So war Hermann schon ein wenig irritiert, als er an der Reihe war, Lisas Referat mit ein paar kritischen Reflexionen zu ergänzen.

Denn für Hermann war der Feminismus bei weitem nicht radikal genug. Mehr erhoffte sich Hermann von ihm als bloße Gleichberechtigung. Eine Kulturrevolution war fällig, eine Ablösung des Jahrtausende währenden männlichen Herrschaftsprinzip, ein neues Matriarchat, dem, so hoffte Hermann, es eines Tages gelingen werde, jenen utopischen Zustand von Freiheit, Gleichheit und Brüderlichkeit herzustellen, an dem sowohl pragmatische Reformtheoretiker als auch Verfechter revolutionärerer Strategien bislang gescheitert waren.

Wie sehr Hermann auch das Feminine mystifizierte, während Carmen doch wissen mußte, daß es für ihn nur Löcher gab, die es zu stopfen galt, sie beteiligte sich nicht an der anschließenden Diskussion. Doch als diese nach genau zwei mal fünfundvierzig Minuten ihren toten Punkt erreichte – in der folgenden Woche sollte schon das erste Referat über die Beauvoir gehalten werden –, da verließ Carmen nicht mit den Erstsemestern den Raum, sondern reihte sich unter die Nachzügler, die wissen wollten, ob sie noch Aussichten hätten auf einen Schein.

Carmen war die letzte, die vor Hermann trat: »Ich möchte ein Referat halten.«
Hermann wußte nicht, was er davon halten sollte. »Haben Sie ...«
»Ich denk, wir duzen uns.«
»Hast du einen Proseminarschein?« fragte Hermann.
Den hatte sie natürlich nicht. Studiert hatte sie nur ein Semester und in dieser Zeit, wie Carmen zugab, die Universität nur selten von innen gesehen. Aber das Vorlesungsverzeichnis kaufte sie sich immer noch, um ihren Eltern, die im Allgäu in bescheidenen Verhältnissen lebten, beschreiben zu können, was ihre Tochter in der fernen Großstadt so trieb. Unter den Lehrveranstaltungen war Carmen diesmal auf ein Thema gestoßen, das auch sie interessierte. Fragen der Frauenbewegung, das war eine Sache, die auch Carmen anging. Sie überwand ihre Abneigung gegen das ehrwürdige Universitätsgebäude mit seiner affektierten Studentenschar und besuchte das interdisziplinäre Seminar, bei dem sie unter anderem auch Hermanns wortgewandten Vortrag über die feministische Kulturrevolution zu hören bekam. Dabei war ihr klar geworden, daß auch sie zu dem Thema was zu sagen hatte. Darum stand sie jetzt vor Hermann und bat ihn um die Erlaubnis, ein Referat zu halten.
»Ohne Proseminarschein gibt's keinen Hauptseminarschein«, wiederholte Hermann nun schon zum drittenmal.
»Ich hab dir doch gesagt, ich pfeif auf deinen Hauptseminarschein. Ich will ein Referat halten – weiter nichts!«
Lisa hatte die Studenten ihrer Fakultät bereits abgefertigt und wartete jetzt ungeduldig darauf, daß Hermann der Unterhaltung ein Ende machte, zumal in einer halben Stunde Ladenschluß war und sie für das gemeinsame Abendessen noch einzukaufen hatten.
Hermann fühlte sich unter Druck. Was auch immer er

Carmen gegenüber ins Feld führte – schließlich war sie nicht einmal mehr immatrikuliert –, um so trotziger beharrte sie nur auf ihrem Verlangen, während Lisa an der Tür schon die zweite Zigarette rauchte und erneut zur Uhr blickte.
Nun ja, ein Referat mehr war nicht die Welt. Unter Lisas ungeduldigen Blicken gab Hermann schließlich nach. Er trug Carmen als letzte in die Liste ein. »Carmen – und wie weiter?«
»Annemarie.«
Hermann schaute auf.
»Annemarie ist mein richtiger Name. Annemarie Lubschig.«
Hermann nickte nur. »Und worüber willst du dein Referat halten?«
»Über die S.C.U.M.«, antwortete Annemarie, ohne zu zögern.
Hermann stutzte.
»Society for Cutting up Men«, erläuterte Annemarie hilfreich.
Hermann erinnerte sich. S.C.U.M. So nannte sich jenes Manifest der Gesellschaft zur Vernichtung der Männer, das eine gewisse Valerie Solanas Ende der sechziger Jahre verfaßt hatte. Es war ein wirres Pamphlet mit ein paar originellen und farbig formulierten Gedankenblitzen, wie sie Paranoide und andere Fälle der Psychiatrie mitunter zustande bringen. Es wäre nie veröffentlicht worden, hätte seine Verfasserin nicht mit einem Attentatsversuch auf den damaligen König der Pop-Art, Andy Warhol, für internationale Publicity gesorgt.

7

Als in der darauffolgenden Woche das erste Referat gehalten wurde, fehlte Annemarie. Auch acht Tage später – die Beauvoir war immer noch nicht ausdiskutiert – blieb Annemarie dem Seminar fern. Hermann schöpfte schon Hoffnung, das Referat über die S.C.U.M. könnte von der Liste gestrichen werden.
Dann war es soweit. Ein neuer Monat begann. Und bald war auch der erste Donnerstag da. Wenn er es auch Lisa verschwieg, Annemarie gegenüber stand Hermann zu seinem Doppelleben und klingelte deshalb pünktlich um 21 Uhr an der namenlosen Apartmenttür mit der Nummer 714.
Annemarie öffnete mit dem vertrauten Make-up. Wenig später trug sie die gewünschten Dessous und war Hermann untertan. Natürlich nahm er sie sich vor. Wie immer besorgte er es ihr gehörig. Nur ging er bei Annemarie schweigender zu Werke als bei Carmen. Ganz wie bei Lisa scheute Hermann davor zurück, lauthals zu verkünden, was er gerade so trieb.
Sie hatten es sich zur Gewohnheit gemacht, danach noch zusammen eine Zigarette zu rauchen. Dabei wechselten sie in der Regel auch ein paar Worte privaterer Natur, über die letzten Fahrpreiserhöhungen im städtischen Nahverkehr zum Beispiel oder den Weisheitszahn, der Annemarie immer mehr zu schaffen machte. So war es mit dem Ton ihrer Konversation durchaus vereinbar, daß Hermann Annemarie fragte: »Kein Interesse mehr am Feminismus?«
»Warum?«
»Das Seminar findet ohne dich statt.«
Annemarie zog sich den Strapsgürtel und die Strümpfe aus. »Ich arbeite an meinem Referat.«
»Ich kann dich noch von der Liste streichen, wenn du

willst«, meinte Hermann. »Kein Problem.«
»Danke. Aber ich werd schon rechtzeitig fertig.«
Hermann stand auf und zog sich an. »Ich bin gespannt, wie du vorgehst – historisch, hermeneutisch oder dialektisch?«
»Ich weiß schon, wo's lang geht.«
»Trotzdem. Wenn du Hilfe brauchst, ich bin immer für dich da.«
Auch Annemarie hatte sich inzwischen angezogen. »Du kannst mir wirklich einen Gefallen tun.«
»Ja?«
»Komm nicht mehr wieder.«

8

Dann war es soweit. Das letzte Referat des Seminars wurde gehalten. Annemarie nahm hinter dem Einzeltisch Platz, der für die Referenten und das oft umfangreiche Material vorgesehen war, das sie – eventuellen Beweisnöten vorbeugend – mit sich zu schleppen pflegten. Mit wissenschaftlicher, jederzeit zitierbarer Lektüre war sie nicht versehen. Nur ein paar lose Zettel breitete sie auf der ansonsten brachliegenden Tischfläche aus. Sie waren mit der Hand beschrieben, nicht einmal maschinengetippt. Von ihnen las Annemarie mit brüchiger, Kommas und Punkte ignorierender Stimme ab: *»Das Leben in dieser Gesellschaft ist ein einziger Stumpfsinn, kein Aspekt der Gesellschaft vermag die Frau zu interessieren, daher bleibt den aufgeklärten, verantwortungsbewußten und sensationsgierigen Frauen nichts anderes übrig, als die Regierung zu stürzen, das Geldsystem abzuschaffen, die umfassende Automation einzuführen und das männliche Geschlecht zu vernichten.«*
Natürlich regte sich bei diesen Sätzen Widerspruch. Vor

allem die männlichen Seminarteilnehmer murmelten empört. Sie wurden jedoch gleich übertönt von den zahlenmäßig weit unterlegenen Mitgliedern einer feministischen Wohngemeinschaft, die eine Sensation witterten und lautstark weibliche Solidarität übten.

Lisa meldete sich nicht zu Wort. Sie begnügte sich mit einem Blick, der nicht weniger besagte, als daß es zwischen Hermann und ihr ein für allemal aus sei, sollte er als in diesem Fall zuständiger Seminarleiter nicht augenblicklich der Referentin das Wort entziehen.

Hermann fürchtete sich vor den Konsequenzen einer solchen Entscheidung. Es war nicht ausgeschlossen, daß Annemarie sich mit gezielten Indiskretionen rächen würde. Kein Zwischenruf konnte ihr was anhaben. Ihre anfängliche Unsicherheit war einer trotzigen Bestimmtheit gewichen. Und je häufiger sie sich bei mehrsilbigen Worten verhaspelte, Zeilenanfänge verwechselte und auch mal ganze Sätze nachtrug, die sie überlesen hatte, das Publikum wurde nur noch stiller. Es ahnte, daß hier jemand zu ihm sprach, der es ehrlich meinte.

Selbst dem männlichen Teil der Zuhörerschaft verging das empörte Gemurmel. Offenen Mundes lauschte es Annemaries Sätzen: *»Obwohl er ausschließlich physisch existiert, ist der Mann nicht mal als Zuchtbulle geeignet. Unterstellen wir wenigstens mechanisches Können, über das nur wenige Männer verfügen, so ist der Mann doch vor allem unfähig, eine lustvolle, sinnliche Nummer zu schieben.«*

Hermann war bald klar, daß Annemaries Referat mit dem Manifest der Valerie Solanas nahezu identisch war. Annemarie hatte ihre erste handgeschriebene Seite gerade abgelesen und Mühe, aus ihren spärlichen Aufzeichnungen die zweite herauszufinden. Mit Stocken kam sie auf jenen armseligen Klempnerjob zu sprechen, den jeder Mann zu einem erstklassigen Auftritt hinzu-

kriegen versucht, als es Lisa des Guten zuviel war: »Das reicht!«
Hermann enthielt sich einer Stellungnahme. Auch die Studenten versagten sich ein Urteil. Annemarie selbst ließ sich durch Lisas Zwischenruf nicht aus der Ruhe bringen. Sie trug dem nur noch mucksmäuschenstiller gewordenen Publikum vor: *»Obwohl er von Schuld- und Schamgefühlen, Angst und Unsicherheit aufgefressen wird, ist der Mann gleichwohl wie besessen aufs Vögeln aus; er wird durch einen See voll Rotz schwimmen, meilenweit durch bis zur Nase reichende Kotze waten, wenn er nur glaubt, daß am anderen Ufer ein freundliches Vötzchen auf ihn wartet.«*
Jetzt war es mit Lisas Geduld endgültig vorbei. Ohne viel Aufhebens bereitete sie ihren Abgang vor, drückte die nur halbgerauchte Zigarette aus und verstaute die Pakkung mitsamt Feuerzeug in ihrer Handtasche. Schon mit aufwendigeren Gesten sammelte sie die mitgebrachten Bücher ein. Lisa hielt es nicht für nötig, die Tür hinter sich zuzuschlagen, als sie den Seminarraum verließ. Sie wußte aus langjähriger Erfahrung, daß mehr als die Hälfte der Studenten hinter ihr stand und in der Regel treu ihre Partei ergriff.
Diesmal irrte sie sich. Keiner schlug aus ihrem demonstrativen Abgang rhetorisches Kapital, die meisten hatten nicht einmal ihr Verschwinden bemerkt, allzu gebannt lauschten sie dem, was Annemarie zu sagen hatte: *»Den Mann ein Tier nennen, heißt ihm schmeicheln. Er ist eine Maschine, ein Gummipeter auf zwei Beinen. Man behauptet, die Männer würden die Frauen benützen. Benützen, wofür? Gewiß nicht zum Vergnügen . . .«*

9

». . . und die kranken, irrationalen Männer, die ihren Ekel vor sich selbst zu verdrängen suchen, werden sich, wenn S.C.U.M. sie überrollt, ängstlich zur großen Mama mit ihren großen Wabbelbrüsten flüchten, aber kein Busen wird sie vor S.C.U.M. schützen.«

Nach diesen letzten Sätzen sammelte Annemarie ihre Blätter ein. In der Regel applaudierte man nach einem gelungenen Referat. Gelegentlich wurde auch Protest geäußert. Doch diesmal blieb es still. Annemarie wartete auch keine Reaktionen ab, sondern verließ den Saal und schloß die Tür ebenso sanft hinter sich wie zuvor Lisa, nur daß Annemarie sich von diesem geräuschlosen Abgang keinerlei demonstrativen Effekt versprach, sondern Rücksichtnahme von kleinauf gewohnt war.

Es dauerte einige Zeit, bis die ersten Zuhörer sich zu Wort meldeten. Es waren vor allem männliche Kommilitonen, die die Originalität des Referats in vielen Punkten anerkannten, sich aber entschieden dagegen verwahrten, ihren jahrtausendealten Beitrag zur Kulturgeschichte als bloßen Klempnerjob diffamiert zu sehen, auch wenn sie zugegebenermaßen nicht immer und überall ihren Mann stehen konnten.

Daraufhin griff sogleich ein Mitglied der feministischen Wohngemeinschaft in die Diskussion ein und wies darauf hin, daß hier mit einem äußerst fragwürdigen, typisch männlichen Kulturbegriff gearbeitet werde. Schließlich sei es ein Patriarch namens Freud gewesen, der glaubte, daß Kultur sich auf Entsagung, wenn nicht Verdrängung, gar Neurosen aufbaue – eine repressive Ideologie, von der sich nicht nur Feministinnen, sondern auch alle aufrechten Marxisten zu distanzieren hätten.

Damit waren die Fronten durchlöchert. Aufrechte Marxisten schlugen sich auf die Seite der Feministinnen, während deren weniger radikale Geschlechtsgenossinnen für die konservativeren Kommilitonen Partei ergriffen und gemeinsam mit ihnen – ganz im Geiste Lisas – der Suche nach einer christlicheren Perspektive den Vorzug gaben.

Hermann begnügte sich mit der Rolle eines Diskussionsleiters. Die hatte er sich früher immer mit Lisa geteilt. Von ihr allein gelassen, war es diesmal an ihm, das Resümee in eigener Verantwortung zu formulieren. Hermann war froh, auch das Nachwort zum Manifest der S.C.U.M. gelesen zu haben. Es war von einem Arbeitskreis Frauenemanzipation verfaßt worden, aber Hermann wollte sich nicht mit Zitaten aus der Verantwortung stehlen und gab es deshalb als eigenes Gedankengut aus.

»Irrationalität war schon immer Sache der Frau«, stellte Hermann lakonisch fest, unterband mit einer energischen Geste Protestgeheul und Applaus und fuhr mit erhobenerer Stimme fort: *»Will sie aber gegen derlei Sätze opponieren, tut sie unter Umständen wirklich besser daran, sich speziell an diesen Satz zu halten – ihn zur Waffe zu machen –, als sich auf allerlei Akademisches einzulassen und in Form kluger oder einfältiger Abhandlungen gegen eines der ältesten Vorurteile anzutreten.«*

Hermann hatte mit dieser Synthese durchschlagenden Erfolg. Die Applaudierenden wurden zwar etwas nachdenklicher, die Protestierer verstummten dafür ganz, denn sie mußten erst einmal Hermanns kühnen dialektischen Sprung in Gedanken nachvollziehen, bevor sie ihn als bloße Schaumschlägerei entlarven und mit Fragen nach dem Wesen von Mann und Frau der Diskussion eine bestimmt auch Lisa genehmere Richtung geben konnten.

10

Auf dem Nachhauseweg im Peugeot hing Hermann seinen Gedanken nach. Die Ausfallstraßen waren vom Berufsverkehr verstopft. Dieselbe Ampel schaltete nun schon zum zweitenmal auf Rot, und Hermann hatte noch immer keine Chance, sie beim nächsten Grün zu passieren. Da wurde ihm immer klarer, daß das Manifest dieser Valerie Solanas trotz aller Skurrilität bei näherer Betrachtung manches für sich hatte.
Das hatten die Damen des Arbeitskreises Frauenemanzipation schon richtig erkannt: *der Mensch als Produkt von Umwelteinflüssen und Erziehung; die Unterdrükkungssituation der Frau als Rollenfixierung und Projektion verachtenswerter Eigenschaften; die ökonomischen Grundlagen (wenn auch immer nur beschrieben am Phänomen der Geldzirkulation), ohne deren Abschaffung Emanzipation nicht möglich ist; ja sogar die Möglichkeit einer kollektiven Organisation zur Befreiung von Unterdrückern,* das alles war in dem Manifest enthalten, nur natürlich eher in einer paranoiden als wissenschaftlich ernst zu nehmenden Form.
Aber wenn man der Sache etwas analytischer auf den Grund ging, das historische Denken nicht ganz außer acht ließ, sich mit Marx und Freud zumindest in Fußnoten auseinandersetzte, dann war schon etwas daraus zu machen, zumindest ein kleiner Essay. Hermann hatte schon lange nichts mehr veröffentlicht.
Hermann hatte auch schon einen Einfall für einen geeigneten Titel. *Der dialektische Feminismus*. Die Dialektik und der Feminismus, diese Kombination mußte Neugier erwecken. Und wenn man versuchen würde, die Ideen dieser Valerie Solanas vom Kopf auf die Beine zu stellen, dann war dieser Titel durchaus angebracht. *Der dialektische Feminismus,* ein Essay von Hermann Hoffnitz.

Diese Vorstellung hatte es Hermann angetan, so sehr, daß er die Bremslichter seines Vordermanns übersah und es krachte.

11

Als Hermann zu Hause ankam, fand er von Lisa nur einen Brief vor, in dem sie ihm auf knapp drei Seiten die immerhin schon mehr als ein Jahrzehnt bestehende Lebensgemeinschaft aufkündigte. Die Seiten waren maschinengetippt, nicht einmal durch eine persönliche Unterschrift autorisiert, aber doch in jenem unverwechselbaren, zwischen Zynismus und Selbstmitleid lavierenden Stil abgefaßt, den Lisa sowohl mündlich als auch schriftlich an den Tag zu legen pflegte, wenn sie sich nur noch mit Hilfe geschliffener Formulierungen zu beherrschen verstand.
Kurz gesagt, Lisa hatte nicht die geringste Absicht, Hermann noch einmal von Angesicht zu Angesicht gegenüberzutreten. Die Wohnung könne er behalten. Schon allein wegen den mit ihr verbundenen Erinnerungen mochte Lisa keine Sekunde länger in ihr verweilen. Über die Entflechtung des gemeinsamen Hausrats müßten sie allerdings noch einmal telefonieren. Lisa würde dann jemand vorbeischicken, um abzuholen, was ihr zustand.
So geschah es dann auch. Hermann verstaute nach einigen, zum Teil mehrstündigen Telefonaten Lisas Habe in Kisten, die ein junger Mann mit Nickelbrille und Pubertätspickeln auf der angehenden Stirnglatze abzuholen kam. Erst als es an die Teilung der ziemlich umfangreichen Bibliothek ging, die sich Hermann und Lisa im Lauf der Jahre angeschafft hatten, kam es zu unerwarteten Schwierigkeiten.
Wer hatte das elfte Kursbuch gekauft? Wer den Scho-

penhauer geschenkt bekommen? Das waren Fragen, die sich nicht immer fernmündlich klären ließen. Oft mußte man das betreffende Buch sehen, um sich zu erinnern. Darum ließ es sich auch nicht umgehen, daß Lisa eines Nachmittags zu Hermann auf Besuch kam und sie sich gemeinsam an die Bewältigung dieser Aufgabe machten.

»Gehört mir der Canetti?« fragte Lisa.

»Ich glaub, ja.«

»Bist du sicher?«

Hermann nickte, obwohl er sich noch erinnern konnte, wie er ihn als Gymnasiast von seinem Taschengeld gekauft hatte. Auch die Freud-Ausgabe, die sie sich mal vor Jahren gegenseitig zu Weihnachten geschenkt hatten, trat Hermann widerspruchslos an Lisa ab, obwohl er einen Anspruch auf wenigstens sechs Bände hatte.

Lisa war nicht nachtragend. Als es darum ging, die Besitzansprüche an den Taschenbüchern zu klären, ließ auch sie mit sich reden. Letztlich kam es gar zu einem privaten Gespräch.

Hermann beschwor ihre gemeinsame Vergangenheit. »Sind wir nicht glücklich zusammen gewesen?«

Lisa nickte. Auch sie hatte insgeheim gehofft, daß das Gespräch eine solche Wendung nehmen könnte.

»Warum alles aufs Spiel setzen – nur wegen einer kleinen wissenschaftlichen Meinungsverschiedenheit?« fragte er.

»Du meinst dieses schwachsinnige Referat?«

»Nun ja, es war vielleicht . . .«

»Es waren Zoten. Ich weiß nicht, was die mit Wissenschaft zu tun haben.«

»Ich geb ja zu, die Form war mehr als mangelhaft. Aber inhaltlich betrachtet, die Unterdrückungssituation der Frau zum Beispiel als Rollenfixierung und Projektion verachtenswerter Eigenschaften . . .«

»Tu mir einen Gefallen. Gib zu, es war Schwachsinn. Und zwischen uns ist alles wieder wie früher.«

Wenn Hermann noch nicht mit der Niederschrift seines neuen Essays begonnen hätte, dann wäre darüber zu reden gewesen. Aber inzwischen waren die ersten Seiten schon korrigiert und maschinegeschrieben. Lisas Bitte war nicht mehr eine Angelegenheit privater Sphäre, in der man sich leicht nachgiebig zeigen konnte, sondern strenggenommen zum Streitpunkt eines interdisziplinären Disputs geworden, der im Namen der Wissenschaft redlich und ohne falsche Bescheidenheit geführt werden mußte. Hermann setzte alles daran, seine Theorie vom dialektischen Feminismus zu verteidigen, und scheute dabei auch nicht vor Enthüllungen zurück. »Durch Rotz und Kotze waten, wenn nur eine . . . du weißt schon . . . am anderen Ufer winkt, das ist schon die richtige Beschreibung des männlichen Geschlechts.«
»Glaub ich nicht«, meinte Lisa und ergriff Hermanns Hand. »Du beweist mir das Gegenteil.«
Hermann gestand schließlich, ein archetypischer Vertreter der Männlichkeit zu sein, ein seelischer Krüppel, von Angst und Schuldgefühlen zerfressen, nicht mal fähig zur eigenen Lust. Und wenn es Hermann auch erfolgreich gelungen war, Lisa die Rolle eines zärtlichen Partners, zuweilen gar leidenschaftlichen Liebhabers vorzuspielen, nie hatte er in ihr was anderes gesehen als eine dreckige Votze, die es aufzureißen und zu stopfen galt.
Für Lisa brach eine Welt zusammen. Mit einemmal waren all die vergangenen Liebkosungen zu Torturen eines Folterknechts geworden. Mochte Hermann sie auch theoretisch überzeugt haben, ja, es gab eine Rasse, die der von Valerie Solanas beschriebenen Spezies ähnelte, nichts auf der Welt konnte Lisa dazu bringen, Hermanns Nähe auch nur eine Sekunde länger zu ertragen. Keine Distanz konnte weit genug sein, um Lisa vergessen zu lassen, welche Erniedrigungen sie mehr als ein Jahrzehnt lang über sich hatte ergehen lassen müssen.

12

Lisa hatte Glück. Dank Vermittlung des Goethe-Instituts wurde ihr überraschend eine Gastprofessur in Khartum für Kant und Hegel sowie andere abendländische Philosophie angeboten. Während Lisa im Jet Europa hinter sich ließ, feilte Hermann an seinem Konzept des dialektischen Feminismus. Hermann glaubte, daß seine Trennung von Lisa ihn zu neuer Kreativität beflügelt habe, obwohl er doch nur deshalb bis in die frühen Morgenstunden schrieb, weil er sich vor dem Einschlafen fürchtete, wenn das Bett kalt war und kein anschmiegsamer Körper ihn das gerade ausgearbeitete Hypothesengerüst vergessen ließ.

Hermann wollte es nicht mehr beim bloßen Essay belassen. Der dialektische Feminismus war ein Thema, das ein ganzes Buch zu füllen wußte. An ihm arbeitete Hermann täglich jede freie Stunde. Nur noch ein Ziel hatte Hermann vor Augen. Dem dialektischen Feminismus zum Durchbruch zu verhelfen.

So kam es, daß Hermann, während er im nächsten Semester eine Vorlesungsreihe über Theorien abweichenden Verhaltens hielt, den dialektischen Feminismus nie zu erwähnen vergaß. Immer mehr Studenten suchten Hermann nach jeder Vorlesung auf und wollten wissen, was es mit diesem mysteriösen Feminismus auf sich habe. Je mehr Hermann über den Dia-Fem (bei diesem Namen nannte er inzwischen seine Theorie) verriet, mit um so neugierigeren Fragen wurde er bestürmt, bis die wenigen Minuten nach Vorlesungsende nicht mehr ausreichten, die anstehenden Probleme zu erörtern, und Hermann eines Tages die wissensdurstige Studentenschar einlud, mal – »warum nicht heute abend?« – bei ihm zu Hause vorbeizuschauen, um ganz ohne Zeitdruck sich mit dem Dia-Fem auseinanderzusetzen.

So geschah es dann auch. Der Zufall wollte, daß es ein Donnerstag war. Jeden Donnerstag um 21 Uhr empfing Hermann von nun an eine verschworene Gemeinschaft – zwei Studenten und fünf Studentinnen – zu einem Arbeitskreis und vergaß allmählich seine Stammtischbrüder.
Eines Abends meldete sich noch ein achter Besuch. Es war Annemarie Lubschig, die pünktlich um 21 Uhr vor Hermanns Tür stand. »Darf ich reinkommen?«
Warum hätte Hermann ihr den Zutritt verweigern sollen? Hatte doch gerade der dialektische Feminismus ihr so unermeßlich viel zu verdanken. Einige der Studenten erkannten sie auch sogleich wieder als die Referentin jenes denkwürdigen Referats, mit dem der Dia-Fem seinen Anfang genommen hatte. Doch Annemarie kümmerte sich nicht um die bewundernden Blicke. Wortlos setzte sie sich auf den Teppichboden und nahm ohne zu danken ein Glas Wein entgegen, das ihr eine Angehörige der feministischen Wohngemeinschaft reichte. Und als wäre das Ganze eine offizielle Lehrveranstaltung, zückte Annemarie ihren Block, benützte den rechten Oberschenkel ihrer im Schneidersitz übereinandergeschlagenen Beine als Unterlage und schrieb in dieser etwas unbequemen Stellung wortwörtlich mit, was Hermann über den Dia-Fem und die Vernichtung der Männer zu sagen hatte.

13

Knapp eine Woche zuvor war ein junger Mann bei Annemarie erschienen. Er meldete sich telefonisch als Kunde an, zahlte die hundert Mark widerspruchslos im voraus, wartete aber mit dem Ausziehen, bis sie splitternackt war, und legitimierte sich anschließend mit einem ent-

sprechenden Ausweis als Mitarbeiter einer Behörde, deren Pflicht es ist, die Verfassung zu schützen.
Der Herr war nur zu einem Gespräch gekommen. Annemarie wollte sich schon etwas überziehen. Aber der Herr erhob Einspruch. Schließlich hatte er hundert Mark für die Unterredung bezahlt. Auch nachdem Annemarie ihre Beine übereinandergeschlagen hatte, hörte der Herr nicht auf, sie mit genüßlichem Spott zu mustern, während er erläuterte, womit Annemarie die Aufmerksamkeit seiner Dienststelle auf sich gezogen hatte.
Es war das Referat über die S.C.U.M. gewesen, das für den teuren Besuch verantwortlich war. Doch leider hatten Krankheitsfälle und die Sommerurlaubssaison die Ermittlungen verzögert. Erst jetzt war die für diesen schutzwürdigen Bereich der Verfassung zuständige Abteilung auf Annemaries Lebenswandel gestoßen. Der Herr war gekommen, ihr ein Angebot zu unterbreiten.
Langer Rede kurzer Sinn – Annemarie ging einem Beruf nach, für den sie sich mit keinem Attest einer Gesundheitsbehörde legitimieren konnte. Was nachzuholen war, aber es fehlten auch die Einkommenssteuererklärungen an das zuständige Finanzamt, das in diesem Fall zwar nur mit Schätzwerten operieren konnte, aber sicherlich eine fünfstellige Nachforderung einklagen würde. Und schließlich gab es noch die Eltern im Allgäu, die vom Lebenswandel ihrer Tochter nicht die geringste Ahnung hatten. Was sich aber ändern konnte. Um alle Schwierigkeiten zu vermeiden, hatte Annemarie nichts anderes zu tun, als jenen Geheimzirkel zu belauschen, der einmal wöchentlich in Hermanns Wohnung tagte und für beamtete Mitglieder des Verfassungsschutzes nicht so leicht zu infiltrieren war. Es war nicht nur das subversive Gedankengut des Dia-Fem, das den Argwohn offizieller Stellen erweckt hatte. Hermann Hoffnitz war ihnen schon lange ein Dorn im Auge, denn er galt als der Erfin-

der einer soziologischen Theorie, die verdächtig revolutionär auf sozialen Wandel ausgerichtet war.
Es war nicht die fünfstellige Steuernachzahlung – ein geschickter Anwalt hätte Lisa leicht aus der Klemme helfen können –, nein, es war der Gedanke an ihre in Kempten lebenden Eltern, der Annemarie veranlaßte, auf das Angebot einzugehen. Skrupel brauchte sie ohnehin nicht zu haben. Keinen Unterschied empfand sie zwischen Hermanns zotiger Vögelei und diesem Herrn, der sich weniger an Annemaries Nacktheit ergötzte als an der Tatsache, sie sich mit Spesen erkauft zu haben.
Außerdem stand ihre Aufgabe ganz im Dienste der S.C.U.M. War in dem Manifest nicht die Rede davon gewesen, daß sich die Männer selbst eliminierten? War es da nicht die Pflicht einer jeden aufgeklärten und verantwortungsbewußten Frau, diesem Prozeß ein wenig nachzuhelfen? So kam es, daß Annemarie von der S.C.U.M. zum dialektischen Feminismus stieß, Rotwein nippend keinerlei Verdacht erregte und emsig mitschrieb, was Hermann über den Dia-Fem zu berichten hatte: *»Er ist gegen das ganze System, gegen jede Vorstellung von Gesetz und Regierung überhaupt.«*

14

Lisa hatte sich in Khartum mit Jeanette angefreundet, einer Französin und Gastdozentin für Kunstgeschichte und Archäologie. Von ihr hatte sie auch die *Le Monde* bekommen, die Lisa kurz überflog, weil die von ihr abonnierte bundesrepublikanische Zeitung auf dem Postweg steckengeblieben war. Es war reiner Zufall, daß Lisas Blick die kleine Notiz entdeckte, drei knappe, routinierte Zeilen, die einen neuen Fall von *Berufsverbot* in der benachbarten *Républiqe fédéral d'Allemagne* verkündeten. Es war auch der Name des Betroffenen angegeben: Dr. Hermann Hoffnitz. Lisa wußte, daß er alles andere als ein Radikaler war, auch wenn er gerne große Worte schwang. Für einen Augenblick überlegte sie sich sogar, ob sie dem Kultusministerium oder der für solche Verfahren zuständigen Dienststelle schreiben und sich für Hermann einsetzen sollte. Aber sie vermied es dann doch, zu dem ihr nicht genauer bekannten Fall Stellung zu nehmen. Sie hatte schon selbst genug Schwierigkeiten mit dem Auswärtigen Amt, nachdem sich ein sudanesisches Kabinettsmitglied in Bonn darüber beschwert hatte, daß Lisa sich nicht auf ihren Lehrauftrag für abendländische Philosophie beschränkte, sondern gemeinsam mit ihrer französischen Kollegin nebenher eine Kampagne gegen Klitorisbeschneidungen im Lande betrieb.

Künstlerleben

1

Ähnlich muß es meinen Schülern ergehen, wenn ich ihnen ein Aufsatzthema gestellt habe, zu dem sie nichts zu sagen haben, und sie sich trotzdem mühen, die geforderten zehn bis fünfzehn Seiten mit nichtigen Wörtern zu füllen. Seit mehr als zwei Stunden schon sitze ich an meinem Schreibtisch, rauche mehr als mir gut tut und weiß nicht, wie ich beginnen soll. Ja, Adrian Kühn ist mein Freund gewesen. An Erinnerungen an ihn mangelt es mir nicht. Auch ist mir der Umgang mit Worten vertrauter als meiner Nebensätze und Konjunktiv scheuenden Schülergeneration. In jungen Jahren wollte ich das Schreiben sogar zu meinem Beruf machen. Heute unterrichte ich an einem Stuttgarter Gymnasium die Fächer Deutsch und Geschichte. Ich bin Studienrat. Dr. phil. Siegfried Blomberger ist mein Name.

Ich überlese das Geschriebene und komme nicht umhin, mir Zensuren zu erteilen. Themaverfehlung! müßte ich jetzt mit roter Tinte am Rand vermerken. Aber habe ich es wirklich verfehlt? Es geschieht bestimmt nicht aus dem Wunsch, meine eigene Person ungebührend in den Vordergrund zu schieben, wenn ich dieser meines Wissens ersten und wohl auch letzten Biographie des Kunstmalers Adrian Kühn ein paar Worte über mich selbst und meine Bewandtnisse voranstelle. Wer weiß, ob ich je zur Feder gegriffen hätte, wenn dies nicht ausdrücklich sein letzter Wille gewesen wäre? Es waren nur ein paar hingekritzelte Zeilen auf einem Fetzen Papier, aber so unleserlich die Handschrift auch war, man kam nicht umhin, ihr zu entnehmen, daß Adrian Kühn im Vollbesitz seiner geistigen Kräfte mir seinen gesamten künstlerischen

Nachlaß vermachte. Eine Gegenleistung war mit dieser Stiftung allerdings verbunden. Adrian bat mich, seine Lebensgeschichte für die Nachwelt aufzuzeichnen, und zwar, wie er ausdrücklich betonte, nach bestem Wissen und Gewissen.

Das Testament erwies sich natürlich als wertlos. Es bestand kein Zweifel daran, daß Adrian längst nicht mehr in dem von ihm proklamierten Vollbesitz seiner geistigen Kräfte war. Da aber auch der künstlerische Nachlaß ohne jeden Wert war, überließen mir die rechtmäßigen Erben die paar Dutzend Bilder, die man unter seiner Bettmatratze versteckt gefunden hatte, mitsamt dem ohnehin von keinem ernstgenommenen letzten Willen. Die Bilder, die Adrian kurz vor seinem Tod fertiggestellt haben mußte, denn die Ärzte hatten ihm jede künstlerische Betätigung verboten und die Pfleger das unerlaubt Zustandegekommene regelmäßig konfisziert, diese letzten, gleichsam dem Tode abgerungenen Werke stellen nur einen Bruchteil des mir unvermutet zugefallenen Nachlasses dar.

Bereits vor Jahren hatte mir Adrian ein paar tausend seiner Bilder, gezählt habe ich sie nie, aus allen Schaffensperioden zur Aufbewahrung übergeben. Ich verstaute sie auf dem Dachboden unseres kleinen Einfamilienhauses und verteidigte sie auch gegenüber Jutta, meiner mit Adrians Schicksal weniger verbundenen Frau. Ihr nahmen sie zuviel Platz ein, und sie wollte sie den regelmäßig für das Rote Kreuz oder anderen guten Zwecken durchgeführten Altpapiersammlungen überlassen. Es gelang mir, sie davon abzuhalten, denn ich fürchtete mich vor dem Gedanken, eines Tages Adrian gegenübertreten und die Frage nach seinem Lebenswerk mit einem Hinweis auf das Rote Kreuz oder eine andere karitative Organisation beantworten zu müssen.

Jetzt ist das strittige Gesamtwerk also rechtmäßig in

meinen Besitz übergegangen, und dem hausfraulichen Wunsch meiner Jutta stünde nichts mehr entgegen. Aber anstatt mich der überflüssigen Papierstapel zu entledigen, habe ich sie mit Adrians letzten Werken, die den sonst so wachsamen Pflegern entgangen sind, vervollkommnet. Und jetzt sitze ich schon ein paar Stunden an meinem Schreibtisch und mühe mich ab, Adrians letzten Willen zu erfüllen, wozu ich nach Lage der Dinge weder durch Gesetz noch durch landläufige Moral verpflichtet bin.

Wer war jener Adrian Kühn, dem sich meine Sätze zu entziehen versuchen? Ein Nachruf auf ihn war nirgends zu lesen. Allein eine überregionale, für ihr ausführliches Feuilleton bekannte Tageszeitung teilte sein Ableben in knapp vier Zeilen zwischen einer Bibliothekseröffnung und einer abgesagten Theatertournee mit. Dabei ist es noch keine zehn Jahre her, da war Adrian einem Nachrichtenmagazin eine Titelgeschichte wert. Vom einzigartigen deutschen Beitrag zur Pop Art war damals stolz die Rede. Sprach man von Bob Rauschenberg oder Claes Oldenburg, von Roy Lichtenstein oder Andy Warhol, fiel früher oder später auch der Name Adrian Kühn.

2

Ich erinnere mich noch genau an meine erste Begegnung mit Adrian. Wer weiß, ob wir je zueinander gefunden hätten, wenn nicht gerade Johannisbeerenernte gewesen wäre. Wir sahen uns in einer Schrebergartenanlage, die längst einer Reihenhaussiedlung zum Opfer gefallen ist. Mein Vater hatte eine Parzelle gemietet, und wenn das Wochenende auch nur halbwegs sonnig zu werden versprach, ließ er uns alle dort antreten und teilte die anfallende Arbeit unter den Familienmitgliedern auf. Mir war das Jäten und Gießen verhaßt, sosehr auch mein Vater den gesundheitlichen Nutzen beschwor, lieber wäre ich zu Hause geblieben und hätte meiner einzigen Leidenschaft gefrönt: dem Lesen. Jede freie Minute verbrachte ich damals mit einem Buch in der Hand, nicht mit meinem Alter angemessenem Lesestoff wie Karl May oder den für Jugendausgaben zurechtgestutzten Lederstrumpfgeschichten, sondern mit gewichtigeren Werken, den Romanen von Dostojewski und Balzac und, wenn mal niemand aufpaßte, auch dessen tolldreisten Geschichten.

Ja, es waren die schwarzen Johannisbeeren – Mutter wollte noch am selben Tag Marmelade aus ihnen machen –, die ich zu pflücken hatte, als ich Adrian zum erstenmal sah. Ich beneidete ihn vom ersten Augenblick an. Denn er wurde offensichtlich nicht mit Beerenpflücken und ähnlichen niederen kleingärtnerischen Verrichtungen belästigt. In sich gekehrt stand er hinter einer für ihn damals viel zu großen Staffelei, kaute gedankenverloren einen Pinsel, bis er sich schließlich über den gewünschten Farbton klar war und vorsichtig ein Ultramarin mit einem Karmesin oder zwei andere mir damals namentlich nicht bekannte Farben mit etwas Wasser auf der eingekerbten Rückseite seines Malkastendeckels mischte. Mich, den um mehr als zwei Jahre jüngeren, der unter Sträuchern kauerte und die noch eine dritte Farbe fordernde Mischaktion aufmerksam verfolgte, würdigte Adrian zunächst keines Blickes.

Endlich faßte ich mir ein Herz. »Was malst du?« fragte ich, meiner erdverbundenen Tätigkeit längst überdrüssig. »Laß mich sehen, was du malst!«

Lang schien Adrian abzuwägen, ehe er sich entschließen konnte, dem Wunsch seines kaum zwölfjährigen Bewunderers nachzukommen. Durch die angerosteten Maschen des Zauns zeigte er mir das überraschend wirklichkeitsgetreue Abbild einer Schnecke mit leicht lädiertem Gehäuse. Ich betrachtete das noch feuchte Aquarell und verspürte zum erstenmal Verlegenheit, in die ich in Zukunft immer geraten sollte, wenn ich ein neues Werk Adrians vor seinen Augen zu begutachten hatte. Doch das erste Urteil, das ich über Adrians Malkünste abgab, gründete sich weniger auf ästhetische Kriterien, sondern enthielt einen anderen, nicht ganz uneigennützigen Hintergedanken.

»Naja«, meinte ich fachmännisch, »so eine Schnecke zu zeichnen ist nichts Besonderes. Am schwersten, habe ich mir sagen lassen, ist ein Gesicht abzumalen. Ein Porträt.«

»Das kann ich auch«, erwiderte Adrian großspurig.

»Das kann jeder sagen.«

»Soll ich's dir beweisen?«

»Wenn ich dir glauben soll.«

»Gut. Wen soll ich malen?«

»Mich.«

»Dann komm rüber.«

»Du mußt erst meinen Vater um Erlaubnis fragen.«

»Warum ich? Frag doch du!«

»Ist besser, wenn du fragst.«

Das war der springende Punkt. Mir ging es weniger um den Nachweis Adrians künstlerischer Qualifikation als um einen, wenn auch nicht besonders aussichtsreichen, Vorwand, den verhaßten Johannisbeeren zu entkommen. Mein Vater weigerte sich wie erwartet, mich von meinen gärtnerischen Pflichten zu entbinden. Meine Mutter meinte jedoch, eine so höflich vorgetragene Bitte eines jungen Künstlers um ein Modell dürfe man nicht abschlagen. Die erste Porträtsitzung dauerte mehr als zwei Stunden. Soweit ich mich erinnern kann, sah das dabei zustande gekommene Werk mir nicht gerade täuschend ähnlich. Aber Adrian hatte im Lauf der Zeit Gelegenheiten genug, seinen Stil zu vervollkommnen, denn es verging kaum ein Wochenende mehr, an dem ich ihm nicht Modell stand.

3

Das war der Beginn unserer Freundschaft. Was uns verband, war die Kunst. Schon seit längerem hatte auch ich mit dem Gedanken gespielt, mein Leben ihr zu widmen. Ich wollte es nicht mehr beim bloßen Lesen belassen, sondern begann, meinen Vorbildern nachzueifern und eigene Sätze zu schmieden. Anfangs waren es nur Kurzgeschichten, trotz kläglicher Seitenzahl von mir Novellen genannt, denn meine kaum zwölfjährige Lebenserfahrung machte es mir schwer, zu Werken epischerer Breite zu finden.
In Adrian fand ich endlich einen Kollegen, der mir Mut machte. Sprach auch der eine von Michelangelo und van Gogh und der andere von Balzac und Dostojewski, trotz unserer verschiedenen Metiers fanden wir immer die gemeinsamen Worte. Wir hatten einander mehr zu sagen als unseren Altersgenossen, denen nur Uwe Seeler und Bubi Scholz geläufig waren oder der letzte an den Leitplanken zerschellte Formel-eins-Rennfahrer.
Wann immer ich an mir zweifelte, ob ich auch wirklich zum Dichter berufen sei, es war Adrians Vorbild, das mich all dieser Bedenken enthob. Er kümmerte sich nicht um die Nachsicht der Erwachsenen und den Spott der Gleichaltrigen, sondern war schon damals davon überzeugt, einmal ein großer Künstler zu werden. »Du wirst sehen«, bekam ich von ihm mehr als einmal zu hören, »eines Tages wird man Picasso und Adrian Kühn in einem Atemzug nennen. Picasso und Kühn, wird es einmal heißen. Vielleicht auch, Kühn und Picasso!«

Wir sahen uns fast täglich. Meist trafen wir uns in seinem Zimmer, das größer war als meines und das Adrian, unbeeinflußt von mütterlichen Vorlieben für Karotapeten und Blümchengardinen, nach seinem Geschmack hatte einrichten dürfen. Es war vollgestellt mit Bildern und allerlei Malutensilien, und obwohl auch ein Bett darin zu finden war und ein Tisch, auf dem sich zur Not Schularbeiten machen ließen, sprach Adrian nie von seinem Zimmer, sondern immer nur von seinem Atelier. Dort verbrachten wir unsere Nachmittage, und während Adrian hinter seiner Staffelei stand, trug ich ihm meine neuesten Novellen vor, die er, wenn ihm eine einmal besonders gefiel, gelegentlich auch illustrierte.
Ich besitze noch einige dieser Illustrationen. Sie dürften die einzigen erhalten gebliebenen Werke aus Adrians frühester, noch ganz und gar gegenständlicher Schaffensperiode sein. Schon sehr bald ließ Adrian den bloßen Naturalismus hinter sich, begann zu abstrahieren und verlor sich schließlich in vieldeutigen Farbkompositionen, deren Sinngehalt sich mir damals nicht immer erschloß. Damit war unsere künstlerische Zusammenarbeit beendet. Es versteht sich von selbst, daß Adrians immer verwegeneres Spiel mit Farben und Formen sich nicht mehr mit meinen realistischen, inzwischen an Hemingway und Steinbeck geschulten, jetzt auch Kurzgeschichten statt Novellen genannten literarischen Versuchen vertrug.
Adrian war gerade siebzehn geworden, als er unvermittelt der abstrakten Kunst entsagte. Er hatte eine neue Leidenschaft entdeckt: die Aktmalerei. Das brachte mit sich, daß wir uns seltener sahen. Denn einmal hatten die Modelle Bedenken, sich vor anderen als des Künstlers Augen zu entblößen, zum anderen fühlte sich auch Adrian durch meine Anwesenheit gestört.
Es war diese Aktmalerei, die meine ersten Zweifel an

Adrians künstlerischer Integrität auftauchen ließ. Mich verblüffte die Virtuosität, mit der Adrian seine immer neuen Modelle in immer neuen Stilen skizzierte. War Evelyn mit ihren sanften Rundungen und den Pastelltönen noch ganz dem Impressionismus verpflichtet, stand eine Woche später schon Christine mit kubistischen Formen zur Begutachtung auf der Staffelei, und nach einem kurzen surrealistischen Zwischenspiel mit Inge, deren Haut geschuppt war wie die einer Schlange, fand sich Claudia entgegen aller kunstgeschichtlichen Logik mit expressionistisch gezackten Brüsten wieder.
Mir kam bald der Verdacht, daß Adrians stilistische Vielfalt weniger einer zwangsläufigen künstlerischen Entwicklung entsprach als dem unterschiedlichen Geschmack seiner Modelle. Adrian ließ mir gegenüber durchblicken, daß er inzwischen zu einer materialistischeren Auffassung von Ästhetik gelangt war. Einige der größten alten Meister seien Auftragsmaler gewesen. Auch Adrian sah sich in dieser Tradition. Welch vergnüglichen Nutzen er aus seinen jeweiligen Aufträgen zog, wurde mir erst viel später klar, als ich mich zum erstenmal verliebte.

4

Adrian war ein mittelmäßiger Schüler gewesen. Mit durchschnittlichen Noten bestand er auch sein Abitur. Selbst in Kunsterziehung machte er da mit einer Drei keine Ausnahme. Dennoch ließ Adrian sich von seinem Ziel nicht abbringen. Er bewarb sich in München an der Kunstakademie und bestand die Aufnahmeprüfung. Danach sah ich Adrian nur noch in den Semesterferien. Von Mal zu Mal wurden seine Besuche kürzer. Doch wenn er sich auch nur ein, zwei Tage bei seinen Eltern aufhielt, nie versäumte er es, sich mit mir zu treffen. Meist trat er unvermittelt, während ich mich mit Sinusfunktionen oder Quantenenergien abplagte, in mein Zimmer, die Haare jedesmal ein bißchen länger, die Jeans verschlissener und unter dem Arm eine LP mit dämonischem Cover, angeblich brandneu importiert aus den USA. Und immer begann er statt mit einer Begrüßung mit der Frage: »Du hast doch ein bißchen Zeit für mich?«

Stets hatte ich Zeit für ihn, auch wenn mir an besagten Funktionen und Quanten allerlei unklar und noch in der gleichen Woche eine Schulaufgabe zu erwarten war. Adrian legte als erstes die Platte auf, ließ sich dann auf dem Boden nieder und begann mit geschickten Fingern vor meinen neugierigen Augen ein zigarrenähnliches Gebilde anzufertigen, das er fachmännisch einen Drei-Blatt-Joint nannte.

Ich tat höflichkeitshalber ein, zwei Züge, empfand jedoch nichts und befürchtete doch, daß mir durch zuviel Inhalieren dieses Rausch erzeugenden Stoffes Sinus und Quanten samt ihrer Funktionen und Energien sich endgültig meinem Verständnis entziehen würden. Adrian rauchte sorglos den Rest, verlor ein paar Bemerkungen über die psychedelischen Klänge der brandneuen LP, machte mich auf ein paar obszöne Textwendungen aufmerksam, die meinem Schulenglisch entgangen waren, und begann schließlich etwas langsam, aber nie lallend, und doch stockstoned, wie er von sich selbst immer sagte, mir vom Münchner Leben zu erzählen.

Über Kunst verlor er wenig Worte. Wann immer ich ihn mal zaghaft unterbrach und danach fragte, was er zur Zeit male, antwortete er mir, daß die Kunst nicht vom Leben zu trennen sei und das Leben nicht von der Kunst. So viel konnte ich ihm immerhin entlocken, daß er schon damals zum Anhänger der Pop Art geworden war, mit Warhol und Lichtenstein als seinen neuen Idolen. Meist sprach Adrian jedoch von Kneipen, deren Namen französisch klangen und in denen allerhand los sein sollte; von Berühmtheiten, mit denen er fast täglich Streitgespräche führe; und vor allem von einzigartigen Festen mit Mädchen, die einfach unbeschreiblich seien, sich gelegentlich die Finger grün lackierten und violette Strähnen in die Haare färbten – und bei denen ein nicht mal zweideutiges Augenzwinkern schon genüge, um ans Ziel zu kommen.

5

Solch verlockender Zeitvertreib war sicher nicht der Grund dafür, daß auch ich mich nach bestandenem Abitur in München immatrikulierte. Meiner Vorstellung von Schönheit widersprachen grünlackierte Fingernägel und farbenfrohes Haar. Die Frau, die ich mal zu heiraten gedachte, sollte nicht zu Exaltiertheiten neigen. Ich gebe zu, daß ich meiner provinziellen Welt entkommen und deshalb in einer Großstadt studieren wollte. Ich suchte die Atmosphäre einer Metropole, nicht zuletzt, weil ich mir von ihr eine Erweiterung der doch sehr kleinstädtisch geprägten Themen meiner inzwischen an Salinger und Capote orientierten, jetzt bloß noch Erzählungen genannten literarischen Versuche versprach. Daß meine Wahl ausgerechnet auf München fiel, hatte vielleicht doch mit Adrian zu tun. Schließlich war er mein bester, genaugenommen mein einziger Freund.
Ich schrieb mich für Germanistik ein, ohne ein bestimmtes Berufsziel vor Augen zu haben. Nach eintönigen Seminaren und noch weniger unterhaltsamer Pflichtlektüre besuchte ich oft Adrian. Der bewohnte damals ein winziges Apartment mit einem Elektrokocher als Küche und einem Waschbecken als Bad. Wie in unserer Kindheit

hockte ich jetzt wieder mit angezogenen Beinen auf seinem Bett und trug statt pubertärer Novellen die ersten Kapitel meines gerade in Angriff genommenen Romans vor, während Adrian, der längst keine Staffelei mehr benützte, standesgemäß auf dem Boden lag und auf Inspirationen wartete.
Doch es war nicht mehr wie früher. Zu sehr hatten wir uns auseinandergelebt. Ich hatte Adrian bald im Verdacht, daß er mir nur aus Höflichkeit zuhörte, auch wenn er zwischendurch mal bestätigend nickte und mit belanglosen Veränderungsvorschlägen Interesse heuchelte. In Fragen der Ästhetik bezog Adrian immer extremere Standpunkte, von denen aus er meine durchaus anspruchsvolle, aber auch immer um Verständnis bemühte Erzähltechnik nur belächeln konnte.
Adrian selbst verstand sich längst nicht mehr als Maler im herkömmlichen Sinn. Pinsel und Leinwand oder andere seiner Meinung nach vergangenen Kunstepochen entstammende Relikte waren ihm suspekt. *Ready-mades* nannte Adrian seine Werke, die er der Wirklichkeit entnahm und, wenn es hochkam, geringfügig modifizierte. Ich erinnere mich an ein Kreuzworträtsel, auf das Adrian besonders stolz war, weil es nicht nur bloß halb, sondern als besondere Pointe auch noch fehlerhaft gelöst war.
Eine Auswahl seiner *ready-mades* lag in seinem ohnehin nicht allzu großen Apartment herum und war von mir nicht immer von den übrigen, der Kunst nicht zugehörigen Einrichtungsgegenständen zu unterscheiden. Ein mit Essensresten malerisch bekleckertes Tischtuch beispielsweise wurde von Adrian unentwegt als Kunstwerk gepriesen und trotzdem tagtäglich aufs neue benützt.
Bei so unterschiedlichen Auffassungen darüber, was zur Kunst und was zum täglichen Leben gehört, fanden wir immer seltener zu einem ergiebigen Gespräch und besuchten dafür um so häufiger die eine oder andere

Kneipe. Auch fühlte sich Adrian verpflichtet, mich in jenes von ihm während vergangener Semesterferien so verlockend geschilderte Leben mit streitsüchtigen Berühmtheiten und allzeit bereiten Mädchen einzuführen. Doch obwohl die Kneipen in der Regel gerammelt voll waren, stieß Adrian nur selten auf ein ihm bekanntes Mädchen, das dann zwar weder lackierte Fingernägel noch gefärbtes Haar hatte, aber immerhin bereit war, ein paar Worte mit ihm zu wechseln. Und wenn Adrian wirklich mal in eine heftige Diskussion geriet, dann nie mit einer von Funk und Fernsehen bekannten Berühmtheit, sondern immer mit demselben angetrunkenen und schon in die Jahre gekommenen Künstlerkollegen, der längst gelernt hatte, seine einstmaligen Träume in Alkohol zu ertränken, und mit dem dabei gewonnenen Zynismus jetzt auch Adrian zu bekehren versuchte.
Wohl um mir zu beweisen, daß nicht all die abenteuerlichen Geschichten, mit denen er mich während meiner Schulzeit von Differentialrechnungen und Quantentheorien abgehalten hatte, geflunkert waren, nahm mich Adrian einmal auch zu einem jener Feste mit, die man einfach erlebt haben mußte. Es wurde von einem jungen Maler gegeben, der es gerade zu seiner ersten Ausstellung gebracht hatte. Neben zum Teil schon arrivierten Künstlern sollte auch ein Filmregisseur anwesend sein und natürlich jede Menge Mädchen, jene exotischen Schönheiten, die meist als Fotomodelle arbeiteten oder in ähnlichen Sparten, die makelloses Aussehen verlangten.
Mir wurde bald klar, daß Adrian überhaupt nicht eingeladen war. Doch als wir kamen, war die Party schon in vollem Gange, und keiner machte sich mehr die Mühe, uns die Tür zu weisen. Adrian, der nach Drei-Blatt-Joints längst wieder zu herkömmlicheren Genußmitteln gefunden hatte, machte sich sogleich über den Wein her. Ich weiß nicht, ob Adrian so viel trank, weil es ihn nichts

kostete, oder ob er den Alkohol brauchte, um sich unter den ihn beharrlich ignorierenden Partygästen wohler zu fühlen. Jedenfalls war er schon bald total betrunken und inzwischen mutig genug, sich den Mädchen zu nähern, die zum Teil wirklich hübsch waren, aber von denen keine auf ein Gespräch über abartige Kunsttheorien mit einem dahergelaufenen Schnorrer wie Adrian aus zu sein schien.

Ich weiß nicht, wie viele Demütigungen Adrian bei seinen Eroberungsbemühungen über sich hatte ergehen lassen müssen. Ich mied seine Nähe, weil ich mich seiner schämte. Auch verzieh ich es ihm nicht, daß er mich als ungebetenen Gast in so eine mißliche Lage gebracht hatte. Trotzdem bin ich Adrian dankbar, daß er mich auf dieses Fest mitgenommen hat. Denn dort lernte ich Jutta kennen, damals Psychologiestudentin im zweiten Semester und heute meine Ehefrau.

6

Schon bald stand für mich fest, daß Jutta mir mehr bedeutete als nur eine flüchtige Liebschaft. Da sie sich mit Adrian nicht sehr gut verstand – sie nannte ihn einen Spinner und er sie eine bürgerliche Zicke –, traf ich ihn immer seltener, und unsere ohnehin schon abgekühlte Freundschaft fand ihr endgültiges Ende. Ab und zu lief er mir noch einmal über den Weg, aber wir hatten uns nicht mehr viel zu sagen. Meist pumpte er mich um ein paar Mark an und erzählte mit kaum wahrnehmbarer Stimme und um so aufdringlicherer Gestik von unausgeleerten Aschbechern und anderen gerade zum Kunstwerk erhobenen *ready-mades*.

Ich muß zugeben, daß ich alles mögliche für denkbar gehalten hätte, nur nicht, daß Adrian Kühn einmal ein

bekannter Künstler werden sollte. Und doch schuf er in jenen Tagen jenes Werk, das ihn weltberühmt machen sollte. Ich war nicht Zeuge jenes historischen Augenblikkes. Wenn ich dennoch hier so davon berichte, als wäre ich dabei gewesen, dann nur, weil ich mich auf Adrian berufen kann, dem ich zufällig ein paar Tage später begegnete und der in volltrunkenem und entsprechend aufrichtigem Zustand mir selbst von jenem denkwürdigen Zeugungsvorgang erzählte.
Ich weiß nicht, ob Adrian so ehrlich gewesen wäre, wenn er schon damals geahnt hätte, daß mit diesem Werk sein Ruhm seinen Anfang nehmen würde. Denn die Idee, es zum Kunstwerk zu erklären, stammte nicht von ihm selbst, sondern von einer jungen Frau, deren Name mir entfallen ist. Doch da Adrian in seinen letzten Worten mich gebeten hat, seine Lebensgeschichte nach bestem Wissen und Gewissen zu erzählen, will ich auch in diesem heiklen Punkt die Wahrheit nicht verschweigen.
Es begann auf einem jener Feste, die Adrian als ungebetener Gast zur späten Stunde regelmäßig heimsuchte, um sich ein paar Gläser Wein und vielleicht noch ein unentschlossenes Mädchen zu ergattern. Als der Morgen graute und der Aufbruch nicht länger hinauszuschieben war, war Adrian wieder einmal randvoll und auf eine Partnerin gestoßen, die ihm in diesem Punkt nicht viel nachstand. Adrian nutzte die Gunst der Stunde und lud die trotz Artikulationsschwierigkeiten und Gleichgewichtsstörungen ebenfalls noch unternehmungslustige Dame zu sich ein.
Beim ersten Vogelgezwitscher fanden sich beide in Adrians Apartment wieder. An die entscheidenden Augenblicke konnte sich Adrian nicht mehr erinnern. Er wußte nur noch, daß die besagte Dame – die übrigens die frisch geschiedene Frau eines Kunstkritikers gewesen sein soll – sich weder zierte noch besonders willig zeigte.

Es wurde nicht viel gesprochen in dieser schon zum Morgen herangegrauten Nacht. Das einzige, was uns verbürgt ist, ist, daß die unbekannte Dame Adrian bat, vorsichtig zu sein. Der Arzt hatte ihr geraten, ein paar Monate mit der Pille auszusetzen. Trotz des Handikaps mehrerer Flaschen Wein machte sich Adrian zielstrebig an seiner Besucherin zu schaffen. Später hatte er mir gegenüber gestanden, daß der Alkohol doch nicht spurlos an ihm vorübergegangen und deshalb das erwartete Vergnügen zur bloßen mechanischen Prozedur geraten war. Das machte es Adrian um so leichter, der folgenschweren Bitte seiner Partnerin nachzukommen.

Das Werk wurde ohne viel Aufhebens geschaffen, seine Entdeckung erfolgte erst am nächsten Morgen, genauer gesagt, am frühen Nachmittag. Adrian war als erster wach geworden und bemühte sich, seinem an Wackelkontakt leidenden Elektrokocher einen Kaffee abzugewinnen. Mit Erfolg, denn das Pfeifen des Wasserkessels weckte auch die gewesene Frau des Kunstkritikers auf. Sie hatte einige Mühe, sich in der ungewohnten, ganz von *ready-mades* beherrschten Umgebung zurechtzufinden. Und je mehr sie sich erinnerte, um so stärker wurde ihr Haß auf Adrian.

»Was fällt dir ein, mich hierherzuschleppen«, herrschte sie ihn an und zog die befleckte, wohl auch schon zum *ready-made* erhobene Bettdecke über ihre Brüste.

»Ich hab dich nicht mitgeschleppt«, antwortete Adrian und brühte den Kaffee auf. »Ich hab dich gefragt, ob du mitkommen willst. Und du hast gesagt: ja.«

»Ich hab dich vielleicht gefragt, ob ich bei dir schlafen kann. Aber dabei hab ich nicht *daran* gedacht. Nicht mit dir in einem Bett.«

»Ich hab nur das eine Bett.«

»Haben wir?«

»Haben wir was?«

»Hast du mich gef . . .?«
»Ich glaub schon«, antwortete Adrian ausweichend.
»Was heißt glauben? Ja oder nein?«
»Ja.«
»Ganz schöne Sch . . .!« sagte die Exkunstkritikersfrau, schlug die nach diesem Eingeständnis ohnehin überflüssige Bettdecke zurück und schlüpfte in einen schwarzen Slip. »Sch . . .!« wiederholte sie, als sie sich den zum Slip passenden BH zuhakte. »Ich hab die Pille nicht genommen. Das kann ins Auge gehen. Weißt du, was du bist? Ein Sch . . .typ bist du! Ein Sch . . .typ!«
»Ich hab aufgepaßt«, sagte Adrian, um Versöhnung bemüht.
»Was nennst du aufgepaßt?«
»Na . . . ich bin halt rechtzeitig raus.«
»Besoffen wie du warst? Das glaubst du doch selber nicht.«
»Bestimmt.«
»Dann zeig's mir. Irgendwo mußt du dich ja verewigt haben.«
Adrian war sich seiner Behauptung sicher. »Ok. Wenn du willst, beweis ich's dir.«
Das war leichter gesagt als getan. Das Bettlaken war nicht weniger schmuddelig als die schon zum *ready-made* herangereifte Decke. Die Flecken waren aber fast alle älteren Datums und in der Regel auch anderer Substanz. Schließlich gelang es Adrian doch, den Beweis seiner Unschuld zu liefern. Er war auf das Titelbild einer der Illustrierten gefallen, die Adrian überall herumliegen hatte, weil er sich von ihnen Inspiration für sein künstlerisches Schaffen versprach. Das Titelbild stellte ein blondes, braungebranntes Mädchen dar, das seine Brüste entblößt und seine Scham unter einem knappen Lendenschurz verborgen hatte. Das Papier war leicht gewellt, die strittige Flüssigkeit zwar verkrustet, aber fraglos

auszumachen, kein Zweifel bestand, daß Adrian trotz Volltrunkenheit der an ihn herangetragenen Bitte nachgekommen war.
Die inzwischen angezogene Dame gab sich mit diesem Beweis zufrieden, war aber deshalb noch lange nicht bereit, die von Adrian angebotene Tasse Kaffee anzunehmen, und noch weniger, seine frühmorgendliche und von keinem besonders genossene Attacke zu verzeihen. Sie fuhr fort, Adrian zu beschimpfen: »Sch . . .typen seid ihr alle zusammen! F . . .t euch doch selbst!« Dann fiel ihr Blick auf das sonnengebräunte Mädchen, dessen einst samtene Haut aus Hochglanzpapier jetzt überwiegend getrübt und angegraut war. »Schau sie dir an!« schrie die offensichtlich mit Adrians Kunstschaffen bestens vertraute Dame und hielt ihm das Adrians Unschuld bezeugende Covergirl vor Augen. »Schau sie dir an! Hast du nicht wieder ein Kunstwerk geschaffen? Häng's dir an die Wand. Ich weiß sogar einen Titel dafür. Das befleckte Weib!«

7

Unter diesem Titel sollte das so beiläufig gezeugte Werk in die Kunstgeschichte eingehen. Wann immer irgendwo in Deutschland eine Ausstellung veranstaltet wurde, bemühte sich auch Adrian mit seinen *ready-mades* die Auswahljury zu überzeugen. Er ließ sich von den meist vorgedruckten Ablehnungsbescheiden nicht entmutigen. Wir hatten uns schon mehrere Monate nicht mehr getroffen, von Freundschaft konnte längst keine Rede mehr sein, als Adrian eines Tages unvermutet vor meiner Tür stand. Er hatte eine Flasche Wein in der Hand und fragte, als hätten wir uns erst gestern gesehen: »Hast du ein bißchen Zeit für mich?«

Zwar saß ich gerade über einer Seminararbeit, war ganz mit Grimmelshausen beschäftigt – doch was blieb mir anderes übrig, als Adrian hereinzulassen und ihm einen Stuhl anzubieten? Adrian nahm Platz und entkorkte die Flasche Wein. Wohl oder übel rückte ich auch mit zwei Gläsern heraus. Er schenkte sie randvoll ein, drückte mir eines feierlicher, als es sonst seine Gewohnheit war, in die Hand und sagte: »Stoß mit mir an. Du bist der erste, der es erfährt.«

»Was?«

»Du kannst mir gratulieren. Ich hab's geschafft!« antwortete Adrian nur, stieß mit mir an und trank sein Glas in einem Zug leer.

Er schenkte sogleich nach, und mit der Zeit gelang es mir auch, Adrian zu entlocken, was er geschafft hatte. Eines seiner Bilder war angenommen worden. Die Jury der Deutschen Künstlervereinigung hatte es für ihre Verkaufsausstellung akzeptiert. Adrian war überglücklich. Die Ausstellung fand nur einmal im Jahr statt und war die einzige überregionale ihrer Art.

Wir leerten gemeinsam die Flasche. Schließlich erfuhr ich auch, daß es *das befleckte Weib* war, das den Gefallen der Jury gefunden hatte. Adrian erwähnte das Werk mir gegenüber nur kurz. Er hoffte wohl, daß ich jenen redseligen Augenblick längst vergessen hätte, in dem er mir über das Zustandekommen dieses zweifellos von ihm geschaffenen, aber von anderer Seite zum Kunstwerk erklärten *ready-made* berichtet hatte. Trotz dieser zweifelhaften Urheberschaft stellte ich mir einmal mehr die Frage, ob ich Adrian nicht unterschätzt hatte. Jene Extravaganzen, die ich ihm immer nur als Ausdruck von Größenwahn ankreidete, waren sie wirklich nur Scharlatanerie? War es nicht möglich, daß Adrian eines jener in der Regel von vielen (warum nicht auch von mir, seinem langjährigen Freund?) verkannten Genies war?

Die Ausstellung fand in einer zwar bevölkerungsstarken, aber doch provinziellen Ruhrgebietsstadt statt, die nach Abstieg des heimischen Fußballklubs aus der Bundesliga jetzt mit kulturellen Attraktionen von sich reden machte. Ich hatte sowieso vor, einmal nach Gelsenkirchen zu fahren und Jutta zu besuchen, mit der ich mich bereits so gut wie verlobt hatte. Sie verbrachte gerade die Semesterferien bei ihren Eltern. Ich könnte also mit Adrian zusammen die Ausstellungseröffnung besuchen, seinen Triumph feiern und dann anschließend zu Jutta weiterreisen. Adrian würde allerdings allein mit dem Zug nach München zurückfahren müssen. Ihn meinen künftigen Schwiegereltern vorzustellen, erschien mir nicht gerade ratsam.

8

Wir fuhren in meinem Wagen, einem gebrauchten Käfer aus fünfter Hand. Noch vor Nürnberg gerieten wir in den ersten Stau. Nach Würzburg riß dann der Keilriemen, und es verging fast eine Stunde, bis ein Fahrzeug der Straßenwacht uns gefunden hatte und die Panne behoben war. Als wir endlich hinter Essen die Autobahn verlassen und uns zur Kunsthalle durchgefragt hatten, waren die Feierlichkeiten längst vorbei, nur von den gehaltenen Reden wurden noch hektographierte Abzüge verteilt. Die Eröffnungsgäste waren bereits an den zur Schau gestellten Bildern entlangflaniert und standen jetzt, Sekt nippend, in kleinen Grüppchen herum, verstrickt in eine höfliche, Fragen der Kunst meidende Konversation.
Eiliger als dem Anlaß angemessen, schritten wir beiden Nachzügler die Bilderfront ab, bis wir endlich jenes *befleckte Weib* erspäht hatten, dem allein unsere Reise galt.

Man hatte es hinter Glas gelegt, um es vor weiteren Beschmutzungen zu schützen. Auf den ersten Blick sah man nichts anderes als ein barbusiges und sonnengebräuntes Mädchen. Dann irritierten die dunklen Schatten, die über dem Bild lagen, und man trat einen Schritt näher und ahnte die weiteren Zusammenhänge. Obwohl ich mit der Entstehungsgeschichte bestens vertraut war, kamen mir doch Zweifel, daß jene Flecken, die dem Werk erst seinen Sinn und Namen gaben, allein der Zufall über das Mädchen verteilt hatte. Größe und Formen jener trüben, leicht welligen Inseln inmitten von Hochglanzpapier gingen mit den Formen des Mädchens eine künstlerisch durchwegs gelungene Komposition ein. Noch heute werde ich den Verdacht nicht los, daß jenes erstmals öffentlich gezeigte *befleckte Weib* nicht mit dem identisch war, dessen unbeabsichtigtes Zustandekommen mir Adrian beschrieben hatte. Wahrscheinlich hatte Adrian den Versuch mehrmals wiederholen müssen, bis das Ergebnis seinen Erwartungen entsprach.
»He! Sie da!«
Wir wandten uns um. Später habe ich erfahren, daß die beiden Kunstkritiker waren. Sie war freie Mitarbeiterin einer liberalen Tageszeitung und einiger dritter Fernsehprogramme, er der für Kunst zuständige Redakteur einer zunehmend konservativen Wochenzeitung und regelmäßiger Gaststar eines überregional ausgestrahlten Kulturmagazins. »Ist das Bild von Ihnen?« fragte der Wochenzeitungsredakteur im maßgeschneiderten Jeansanzug und sah uns dabei an.
Adrian nickte stumm.
»Kommen Sie!« sagte der Redakteur und winkte uns zu sich. »Wir haben uns gerade darüber unterhalten – oder soll ich sagen, gestritten. Jedenfalls sind wir uns nicht ganz einig geworden. Vielleicht können Sie uns weiterhelfen.«

Adrian und ich traten auf die beiden zu, nickten eine kurze Begrüßung und erwiderten nicht ihr entgegenkommendes Lächeln.
Der Kritiker, der von den Schwierigkeiten im Umgang mit Künstlern wußte – zu wenig verstanden die ihr eigenes Werk zu deuten –, auch dieser Mann des Wortes mußte erst nach Worten suchen, bis er endlich die entscheidende Fragestellung gefunden hatte: »Eigentlich ist es ganz einfach, was wir wissen wollen. Sagen Sie uns nur das eine: Wollten Sie mit Ihrem Werk eine Botschaft verkünden, oder ging es Ihnen darum, der Kunst eine neue schöpferische Dimension zu erschließen?«
Die liberaler gesinnte freie Mitarbeiterin nahm Adrian sofort in Schutz. »Du unterstellst damit, daß wahre Kunst nicht gleichzeitig eine Botschaft ausdrücken kann. Das ist *deine* Meinung. Der junge Herr hier braucht sie nicht unbedingt zu teilen.« Sie wandte sich an Adrian: »Noch nie habe ich die Ausbeutung der Frau, und damit meine ich nicht nur die ökonomische, sondern gerade auch die sexuelle, noch nie habe ich diesen Raubbau an unserem Geschlecht so eindringlich dargestellt gesehen. Ich frage mich nur ...«
Der Kritiker fiel seiner Kollegin ins Wort. »Das ist doch Blödsinn, was du da verzapfst. Du siehst immer nur die Oberfläche, das gerade Aktuelle. Historisch zu denken war noch nie deine Stärke. Sonst wär dir nämlich aufgefallen, daß hier die Kunst in Neuland vorgedrungen, ja, ich scheue nicht den Ausdruck, geradezu revolutioniert worden ist. Wann hat es das je schon gegeben, daß ein Künstler mit diesem Grad von Selbstentäußerung sich ganz und gar seinem Werk hingegeben hat? Nicht nur mit seinem Verstand, nicht nur mit seinen Sinnen, sondern mit allem, was er zu geben hat!«
»Schnee von gestern! Nitsch! Mühl! Die haben sogar Blut ...«

»Aber nicht ihres!«

»Mag ja sein«, sagte die Kritikerin, »aber du mußt doch zugeben, daß dabei ein Werk zustandegekommen ist, dessen Aussagekraft einem geradezu ins Auge sticht. Die Frau zum Lustobjekt des Mannes erniedrigt! Das läßt sich nicht übersehen. *Das befleckte Weib.* Allein schon der Titel ...«

»Titel, Titel«, murmelte geringschätzig der Kritiker, »auf Titel kommt es mir nicht an. Mir ist egal, ob jemand sein Bild *Intermezzo in Blau* oder *Die Telefonrechnung* nennt. Allein auf das, was ich sehe, kommt es mir an. Und hier sehe ich den Beginn einer neuen Ära. Der Künstler schöpft sein Werk aus sich selbst.«

Adrian hielt sich bei diesem Disput zurück. Er gab mal dem einen und mal der anderen recht und wurde schließlich von beiden hochgelobt, weil sein Werk sowohl einer immer neue Grenzen überschreitenden Avantgarde zuzurechnen sei als auch der engagierteren Kunst einen Weg weise, ihren hausbackenen sozialistischen Realismus zu überwinden. Beide Kontrahenten beeilten sich, einen Termin für ein Interview mit Adrian auszumachen, die eine für das Wochenendfeuilleton ihrer Tageszeitung, der andere für einen Beitrag seines Kulturmagazins, in dem er wieder mal die Kunst als Ganzes in Frage stellen und nach einigen Reflexionen über Adrians beispielhaftes Schaffen um so entschiedener bejahen wollte.

9

Damit begann Adrians Karriere. Da ich für den Abend bei Juttas Eltern angemeldet war, mußte ich mich von Adrian verabschieden und durfte leider nicht mehr miterleben, wie er sein erstes Werk verkaufte. Das Gezänk der beiden Kritikerstars hatte eine kunstbeflissene, über-

wiegend auf Pop Art spezialisierte Industriellengattin auf Adrian aufmerksam gemacht, die beschloß, *das befleckte Weib* noch am selben Tag zu erwerben. Sie war es auch, die am Abend gemeinsam mit ihrem Industriellengatten eine Gartenparty gab, auf der auch der Schöpfer des soeben der Privatsammlung einverleibten Werkes nicht fehlen durfte. Auf dieser Party lernte Adrian Veronika kennen, mit der es zu jener folgenschweren Zusammenarbeit kam, die Adrians Namen auch auf dem internationalen Kunstmarkt zum Begriff machen sollte.
Bei diesem wohl ruhmreichsten Kapitel aus Adrians Lebensgeschichte bin ich gezwungen, auf Zeitungsartikel zurückzugreifen, auf mehrspaltige Feuilletonbeiträge und die knapperen und in der Regel auch weniger seriösen Notizen aus dem Gesellschaftsleben. Das Schicksal wollte es, daß ich Adrian nur noch zweimal sehen sollte. Daran war zum einen seine steile Karriere schuld, zum anderen hatte auch ich nicht mehr Zeit und Muße zu unergiebigem Schwadronieren über Fragen der Kunst. Mit der Absicht, eine Familie zu gründen, hatte ich auch mein hochgestecktes Lebensziel aufgegeben, Berufsschriftsteller zu werden. Solch unsichere Existenz glaubte ich meiner Jutta und erst recht unseren früher oder später zu erwartenden Kindern nicht zumuten zu dürfen. Deshalb bereitete ich mich auf das höhere Lehramt vor, wählte Geschichte als zusätzliches Nebenfach und beschloß, in Germanistik zu promovieren. *Die zeitgeschichtlichen Bezüge in der Joseph-Tetralogie von Thomas Mann* lautete das Thema meiner Dissertation, die länger als drei Jahre meine ganze Arbeitskraft beanspruchen sollte.
Damals hörte ich von Adrian wie gesagt nur aus Zeitungen. Natürlich habe ich die Artikel nicht aufgehoben und bin deshalb auf mein Gedächtnis angewiesen. Vor allem erinnere ich mich an die Gesellschaftsnachrichten, in de-

nen Adrians berufliche Zusammenarbeit mit Veronika, von den Kolumnisten beharrlich als Liaison bezeichnet, ein beliebtes Thema war. Veronika, einst weltberühmtes Fotomodell, war es gelungen, Adrian zu überreden, sie als Ausgangsmaterial zu weiterem künstlerischen Schaffen zu wählen. Es waren meist Fotos jüngeren Datums, auf denen sie sich langbeinig und schwarzbestrumpft verruchten, aber immer kunstvoll stilisierten Posen hingab. Adrians Aufgabe war es, diese für sich genommen nicht sonderlich sehenswerten Bilder in Kunstwerke zu verwandeln. Die *Veronikas,* wie sie bald genannt wurden, erzielten auf dem Kunstmarkt Spitzenpreise und wurden von der internationalen Kritik mit den *Marilyns* von Andy Warhol in einem Atemzug genannt.

Veronika verhalf ihr Abstecher in das Kunstschaffen zur langersehnten Karriere als Schauspielerin. Als sie einen New-Hollywood-Regisseur kennen und lieben lernte, übersiedelte sie nach den USA, und Adrian mußte sich nach neuen Motiven umsehen. Zweifellos war diese Zeit der Höhepunkt in Adrians kometenhafter Karriere. Ich erinnere mich noch, daß ein berühmtes amerikanisches Pin-up-girl der vierziger Jahre ihn auf Schadenersatz verklagte, nachdem sie sich auf einem durch Adrians Hände gegangenen Kalenderbild gerahmt in einer Galerie in Denver/Colorado wiedergefunden hatte. Ihr Persönlichkeitsrecht unterlag in einem aufsehenerregenden Urteil der Freiheit der Kunst. Denn daß es Kunst war, was Adrian vollbrachte, daran wagte auf dem Höhepunkt seines Ruhms niemand zu zweifeln.

10

Kommen wir zu meiner vorletzten Begegnung mit Adrian. Zu meinem Erstaunen erhielt ich eines Tages einen Brief von ihm. Genaugenommen handelte es sich nur um eine Drucksache, aber sie war verschlossen und frankiert wie ein Brief. Das Kuvert enthielt eine Einladungskarte für seine Geburtstagsfeier. Adrian wurde damals gerade dreißig Jahre alt. Die vorgedruckte Karte mit einer persönlichen, handschriftlichen Anmerkung zu versehen, hatte er nicht der Mühe wert befunden. Wahrscheinlich hatte ich es nur einer flüchtigen, melancholischen Kindheitserinnerung zu verdanken, daß ich auf die Gästeliste gesetzt wurde.

Die Einladung galt für zwei Personen, aber Jutta lehnte es ab, mich zu begleiten. Adrians Ruhm war ihr unheimlich und hatte ihre Abneigung ihm gegenüber nur noch verstärkt. Auch ich hatte meine Zweifel, ob ich die Einladung annehmen sollte. Ich fürchtete, daß wir uns nichts mehr zu sagen hatten. Es war wohl Sentimentalität meinerseits, die mich veranlaßte, meine Bedenken in den Wind zu schlagen und nach einem passenden Geburtstagsgeschenk Ausschau zu halten. Da Adrian sicher keinen Wunsch mehr offen hatte, der sich mit Geld erfüllen ließ, war es bewußt wertlos gehalten, und doch fiel es mir schwer, mich von ihm zu trennen. Es war nur ein Schulheft, das in großräumiger Kinderschrift eine meiner allerersten Novellen enthielt und Adrians Illustrationen dazu.

Die Feier sollte um acht beginnen. Eine bestimmte Garderobe war nicht vorgeschrieben. Ich erschien gegen halb neun in einem unauffälligen, gediegenen Anzug. Die Wohnung lag im Norden von München und stellte sich als ein Penthouse heraus. Ich war der erste Gast. Außer mir waren nur noch die Angestellten eines stadtbekannten Partyservice anwesend. Froh, endlich mit ihrer Arbeit beginnen zu können, drängten sie mir sogleich eine Auswahl ihrer kulinarischen Genüsse auf. So viel ganz allein auf mich ausgerichtete Dienstbarkeit machte mich verlegen. Den mit Delikatessen beladenen Teller in der einen, das Glas Wein in der anderen Hand durchschritt ich die übrigen Räume auf der Suche nach Adrian. Das in Geschenkpapier eingewickelte Schulheft hielt ich unter den Arm geklemmt, um es gleich zur Hand zu haben, wenn Adrian mich begrüßen und ich ihm gratulieren würde. Doch Adrian war nirgends zu finden.

Mit der Zeit füllten sich die Räume, und ich fühlte mich mit meinem schlichten Anzug fehl am Platz unter den Motorradjacken aus schon brüchig gewordenem Leder und den nur für eine modische Saison bestimmten Zweireihern. Ich kannte niemanden von den Gästen. Keiner wechselte mit mir ein Wort, und ich wollte mich auch nicht in eine fremde Konversation einmischen. Ein paar dieser durch und durch selbstsicheren Gesichter waren mir aus der Zeitung vertraut. Ein Bundesfilmpreisträger war darunter, auch ein bekannter Stadtrat, der beste Aussichten hatte, Kulturreferent zu werden. Und natürlich fehlte es nicht an jenen verwegenen Schönheiten, deren Nähe Adrian zeitlebens gesucht hatte und die er jetzt entgegen früherer Gewohnheiten so lange auf sich warten ließ.

Es hieß, er sei noch mit seinem letzten Werk beschäftigt und könne die Arbeit daran nicht unterbrechen. Man wüßte auch nicht, wie lange es noch dauere, bis Adrian sein Schaffen beendet hätte. Als elf vorüber war, wollte ich nicht länger warten. Ich hatte gerade einer Bediensteten des Partyservices mein Geschenk hinterlassen mit der Bitte, es an Adrian weiterzugeben, und war schon auf dem Hinausweg, als sich vor mir plötzlich eine bislang verschlossene Tür öffnete und Adrian aus ihr trat.

Ich stand ihm am nächsten, auch fiel sein Blick zuerst auf mich, und doch gab Adrian kein Zeichen des Erkennens von sich. Seine Augen waren leer wie die eines Blinden, sein Gesicht von wächserner Ausdruckslosigkeit, alles an ihm war kraftlos und ausgezehrt und erinnerte mich an das Wrack eines Rauschgiftsüchtigen. Damals fürchtete ich auch wirklich, daß Adrian dem Kokain oder irgendeiner anderen in seinen Kreisen gerade zur Mode gewordenen Droge verfallen war. Inzwischen weiß ich, daß Adrian nie nach etwas anderem süchtig war als nach seiner Kunst.

Noch bevor ich Adrian begrüßen konnte, war er schon von anderen Gästen umringt. Auch der angehende Kulturreferent war unter denen, die sich drängten, Adrian als erste zu gratulieren. Der ließ gelangweilt die Huldigungen über sich ergehen. Dann drängte sich eine gutaussehende Brünette, leicht angeheitert und darum um so beherzter, zwischen den Kulturreferenten und Adrian. Sie trug ihr Kleid fast bis zum Nabel dekolletiert, und als sie ihren im allgemeinen Begrüßungsgeplauder untergehenden Worten mit gestenreichen Armbewegungen mehr Ausdruck verleihen wollte, waren ihre Brüste unübersehbar.

Und dann geschah das Unfaßbare! Die ihm verheißungsvoll dargebotenen Brüste zogen Adrians Blick nicht auf sich. Statt dessen machte Adrian leicht angewidert einen Schritt zur Seite, um etwas mehr Raum zwischen sich und seiner heißblütigen Verehrerin zu schaffen. Eine Verehrerin war sie zweifellos und im übrigen viel zu schön, um auf die Idee zu kommen, daß jemand, und sei es auch eine so berühmte Persönlichkeit wie Adrian, Ekel vor ihrem Körper empfinden könnte. Sie drängte sich beharrlich an seine Seite, bis Adrian Hals über Kopf die Flucht ergriff.

Adrian hatte mich noch immer nicht bemerkt. Ich folgte ihm, wie er durch die Räume schritt und mal diese, mal jene Gäste begrüßte. Es waren immer nur männliche, fiel mir auf. Adrian duldete keine Frau in seiner Nähe, es sei denn, man sah ihr schon von weitem an, daß sie ein paar

Kinder und mehrere Jahre glücklicher Ehe hinter sich hatte und auf alles andere als einen Seitensprung aus war. Früher hätte er sie alle zu erobern versucht, jene Miezen und Muschis oder bei welch vulgären Namen er sie auch immer genannt hatte, keine Demütigung war ihm zuviel gewesen, wenn nur die geringste Aussicht bestanden hatte, sie zu bekommen. Und jetzt trat Adrian schon den Rückzug an, wenn eine Frau ihm einen nicht einmal zweideutigen Blick zuwarf und ihn in ein zaghaftes Gespräch zu verwickeln suchte.

Immer kürzer wurden die Ruhepausen, die Adrian vergönnt waren. Denn immer hartnäckiger setzte sich die längst nicht mehr angeheiterte, sondern schon betrunkene Brünette auf seine Spur. Kein Zweifel, sie hatte sich Adrian in den Kopf gesetzt. Wechselte der gerade ein paar Worte mit dem Bundesfilmpreisträger, kam auch sie ganz zufällig hinzu, begrüßte mit einem flüchtigen Kuß den ihr offensichtlich bestens bekannten Regisseur und wandte dann ihre Aufmerksamkeit erneut Adrian zu, nahm ihm mit einer vertraulichen Geste das Glas Wein aus der Hand, trank einen Schluck davon und bemerkte nicht mehr, wie Adrian es angeekelt beiseite stellte und nach einem neuen Gesprächspartner Ausschau hielt.

Dabei fiel sein Blick auf mich. Ich glaubte, ein Anzeichen von Wiedersehensfreude auf seinem sonst so ausdrucksarmen Gesicht zu sehen. Vielleicht war er mir auch nur dankbar, ihm einen erneuten Vorwand zum Rückzug zu bieten. Jedenfalls überließ Adrian die durch nichts zu entmutigende Verehrerin dem Bundesfilmpreisträger und trat auf mich zu: »Grüß dich«, sagte er. »Wie geht's? Lange nicht gesehen.«

Ich nickte. »Fast zwei Jahre sind's her.«

»Ich erinnere mich. Damals wolltest du dich gerade verloben. Mit dieser ... wie heißt sie gleich?«

»Jutta«, antwortete ich.

»Stimmt. Jutta. Habt ihr inzwischen geheiratet?«
»Wir wollen. Wenn ich meinen Doktor habe.«
Adrian ließ sich von akademischen Würden nicht beeindrucken. »Und das Schreiben?« fragte er. »Was macht deine Schreiberei? Hast du nicht mal einen Roman angefangen?«
Seit ich dieses Ziel aufgesteckt hatte, war Adrian der erste, der mich wieder an meinen Jugendtraum erinnerte.
»Ich hab's aufgegeben«, gestand ich kleinlaut.
»Hätt ich mir denken können«, meinte Adrian. »Du hast dich eben für Jutta entschieden und gegen die Kunst.«
»Später werde ich vielleicht ...« wollte ich einwenden.
Adrian ließ mich nicht zu Wort kommen. »Glaub mir, ich weiß, wovon ich rede. Frauen können einfach nicht verstehen, daß es noch etwas anderes außer ihnen gibt, dem du deine Schaffenskraft widmest. Stell dir vor, sie sind sogar eifersüchtig auf meine Bilder!« Adrian verlor seine Abgeklärtheit und steigerte sich immer mehr in eine Erregung hinein. »Alles setzen sie daran, mich meiner Kunst abtrünnig zu machen. Sie wollen sie aus meinem Leben verdrängen und ihre koketten Leiber an ihre Stelle setzen. Ich hasse sie alle! Vampire sind sie!«
»Wer ist ein Vampir?« Die dekolletierte Brünette hatte den Bundesfilmpreisträger verlassen und war unbemerkt zu uns getreten. »Wer ist ein Vampir?« wiederholte sie gleichgültig, nur um ins Gespräch zu kommen, ihre Frage.
Diesmal trat Adrian nicht den Rückzug an. »Du gehörst auch zu ihnen!« schrie er seine Verehrerin an. »Was hast du schon zu bieten außer deinem sterblichen Fleisch? Was sind schon die paar Sekunden Vergnügen gegenüber der Unsterblichkeit der Kunst? Scher dich zum Teufel!«
Die übrigen Gäste reckten die Hälse, und die entfernteren, die nichts hatten mitbekommen können, waren auf allerlei Mutmaßungen angewiesen. Adrians Verehrerin

hatte trotz Trunkenheit begriffen, daß alle weiteren Avancen verlorene Liebesmüh sein würden. Sie suchte Trost bei dem ihr schon vertrauten Bundesfilmpreisträger, der mit sanftem Streicheln ihr Selbstwertgefühl wieder hob. Adrian selbst kümmerte sich nicht um das Aufsehen, das er erregt hatte, aber man sah ihm an, daß er seiner eigenen Feier überdrüssig geworden war. Er schützte Müdigkeit vor und verschwand hinter der Tür, die in sein Atelier führte. Wenig später ging auch ich. Das war meine vorletzte Begegnung mit Adrian.

11

Jutta war gerade bei mir und hat mit vorwurfsvollem Blick den übervollen Aschenbecher ausgeleert. Mitternacht ist längst vorbei, und ihr ist nicht recht, wenn ich so lange arbeite. Auch fürchtet sie, das Klappern meiner Schreibmaschine könnte unseren Jüngsten aufwecken. Aber ich bin schon beim letzten Kapitel von Adrians Lebensgeschichte angelangt und möchte sie heute noch beenden. Wenn ich über die nächsten Jahre wenig Worte verliere, dann nicht, um meiner fürsorglichen Jutta einen Gefallen zu tun, sondern allein aus dem Grund, daß ich Adrian in dieser Zeit nicht nur nicht gesehen, sondern, ich muß es gestehen, auch vergessen hatte.

Kurz nach der Geburtstagsfeier verschwand Adrians Name allmählich aus den Feuilletons und Kulturmagazinen. Ich versuche mich an die letzten Artikel zu erinnern, die über Adrian erschienen sind. Sie waren spöttisch gehalten, längst galt Adrian nicht mehr als gefeierter Künstler, sondern wurde als Scharlatan mit der immergleichen Masche verlacht. Nur die liberal gesinnte, inzwischen zur Redakteurin beförderte freie Mitarbeiterin, die dank ihrer Interpretation seines Werkes Adrian mit zum Ruhm verholfen hatte, sprach ihn vom Vorwurf des Dilettantismus oder der Scharlatanerie frei und nannte ihn statt dessen einen bemitleidenswerten Neurotiker.

Beruf und Familie nahmen mich immer mehr in Anspruch. Nach Heirat und Dissertation trat ich meine erste Stelle an einem Stuttgarter Gymnasium an, zu dessen stellvertretendem Direktor ich inzwischen ernannt worden bin. Noch im ersten Jahr unserer Ehe wurde Andrea geboren, und da wir uns zwei Kinder wünschten und der Altersunterschied nicht zu groß werden sollte, folgte bald darauf Manfred, unser Jüngster. Die Drei-Zimmer-Altbauwohnung wurde uns zu klein, und wir kauften dieses Reihenhaus, in dem ich mir endlich einen eigenen Arbeitsraum einrichten konnte. Sein einziger Nachteil ist, daß sich gleich daneben Manfreds Schlafzimmer befindet.

Kommen wir wieder auf Adrian zu sprechen. Eines Tages erhielt ich überraschend ein Lebenszeichen von ihm. Es waren vier Pakete, die Tausende von seinen Bildern enthielten. Ein Brief war beigelegt. Darin nannte mich Adrian in krakeliger Schrift seinen einzigen Freund und bat mich, die von ihm geschaffenen, kommerziell zur Zeit leider wenig erfolgreichen Werke für ihn aufzubewahren. Er selbst sei durch widrige Umstände gezwungen worden, seine Wohnung aufzugeben. Finanzielle Schwierigkeiten waren angedeutet, schienen aber nicht das Problem zu sein, das Adrian am meisten zu schaffen machte. Mehr war aus seinem Brief eine Feindseligkeit gegenüber allen Instutitionen unserer Gesellschaft, speziell gegen Justizbehörden und medizinische Autoritäten, herauszulesen. Dem Absender konnte ich entnehmen, daß Adrians neuer Wohnsitz eine nahe München gelegene Nervenheilanstalt war.

Der Zufall wollte es, daß ich ein halbes Jahr später mit einer Abiturklasse nach München fuhr. Wir besuchten die Alte Pinakothek und wollten uns abends eine moderne Klassikeraufführung im Residenztheater ansehen. Der Nachmittag stand zur freien Verfügung, und da das Wetter schön war, zog es meine Schüler fast alle zu den Straßencafés nach Schwabing. Ich hatte nichts für die paar freien Stunden geplant, ganz spontan kam mir die Idee, Adrian zu besuchen.

Es war keine offizielle Besuchszeit, aber man ließ mich ohne viel Umstände zu Adrian vor. Vielleicht mißverstand man meinen Doktortitel und hielt mich für einen Arzt, obwohl ich mich nur als ein alter Freund des Patienten vorgestellt hatte. Ein junger Kriegsdienstverweigerer mit Nickelbrille und schulterlangem Haar zeigte mir den Weg. Adrian sei bettlägrig, erklärte er mir, und deshalb in der Krankenstation untergebracht.

Das Zimmer war von mehreren Kranken belegt. Der Zivildienstleistende deutete auf das Bett in der linken Ecke. Adrian war zu einem Greis gealtert. Als er merkte, daß der Besuch ihm galt, nahm er schuldbewußt die Hände unter der Decke hervor. Ich setzte mich auf die Bettkante, obwohl ich viel lieber stehengeblieben wäre, aber ich fürchtete, daß dann, so von oben herab, überhaupt keine Verständigung möglich gewesen wäre.

»Kennst du mich noch?« fragte ich ihn, denn sein Blick drückte weder Wiedersehensfreude noch sonst eine deutbare Reaktion aus.

Adrian nickte. »Warum sollte ich dich nicht mehr kennen?« flüsterte er. »Hast du meine Bilder bekommen? Hast du sie gut aufbewahrt?«

Ich beruhigte ihn. »Darüber brauchst du dir keine Sorgen zu machen. Du kannst dich auf mich verlassen.«

»Wirf sie nicht weg. Vielleicht werde ich sterben. Aber wirf sie nicht weg. Sie werden noch mal viel wert sein. Der Tag wird kommen, an dem man mich wiederentdecken wird.«

Ich nickte mit geduldiger Nachsicht. Aber Adrian wollte sich nicht beschwichtigen lassen. Er erhob sein Flüstern zu röhrendem Krächzen und versuchte, sich in seinem Bett aufzurichten. »El Greco«, sagte er nur, ließ den Namen eine angemessene Zeit auf mich wirken und fuhr dann fort: »Ich sage nur, El Greco. Der wurde auch mal gefeiert und dann fallengelassen. Jahrhundertelang war er vergessen. Und doch hat man ihn wiederentdeckt. Weil wahre Kunst unsterblich ist.«
Dann senkte Adrian seine Stimme zu kaum hörbarem Gesäusel. »Komm näher«, sagte er zu mir und zog mich zu sich, so daß ich seinen Atem spüren konnte. Adrian deutete auf den Zivildienstleistenden, der am anderen Ende des Zimmers gerade mit einem Patienten beschäftigt war. »Der braucht nichts zu sehen«, sagte Adrian und zog ein paar Fetzen Zeitungspapier unter dem Kopfkissen hervor. »Sie haben es mir nämlich verboten. Ich darf nichts mehr arbeiten. Sobald sie was bei mir finden, nehmen sie's mir ab.« Adrian drückte mir die zum Teil ineinander verklebten Bilder in die Hand. Sie waren einfach und unkompliziert und erinnerten mich an sein Frühwerk. Meist waren es aus Boulevardzeitungen herausgerissene Fotos halbnackter Mädchen. »Nimm sie!« flehte Adrian mich an. »Leg sie zu meinen übrigen Bildern.«
Ich nahm die Zeitungsfetzen in Empfang und steckte sie in meine Manteltasche. Der Zivildienstleistende hatte unsere Transaktion längst bemerkt und belächelte sie nachsichtig. Da ich mich um halb sieben mit meinen Schülern zu treffen hatte, verabschiedete ich mich bald. »Denk an El Greco«, flüsterte Adrian mir nach. Als ich mich an der Tür noch einmal umdrehte, zog er sich die Decke bereits wieder zum Kinn hoch. Das war meine letzte Begegnung mit Adrian. Mehr als zwei Jahre ist das jetzt schon her.

12

Die verklebten Zeitungsfetzen habe ich in den nächsten Papierkorb geworfen. Ich weiß nicht, warum ich den Nachlaß, der mir mit seinem letzten Willen vor einer guten Woche zugegangen ist, auf den Dachboden getragen und zu Adrians übrigem Gesamtwerk gelegt habe. Noch weniger weiß ich, warum ich diesen letzten Willen überhaupt erfülle. Keiner kennt heute mehr den Namen Adrian Kühn. Wer sollte da an seiner Biographie interessiert sein? Jutta gegenüber muß ich vorgeben, an einem beruflichen Referat zu arbeiten. Ich wäre um eine Erklärung verlegen gewesen, hätte ich ihr die Wahrheit gestanden. Vielleicht ist der Grund für mein sinnloses Tun, daß ich selbst einmal hatte Künstler werden wollen.
Nachdem Adrians Gesamtwerk mein rechtmäßiges Eigentum geworden ist, drängt Jutta mich, ihr die platzraubenden Papierstapel vom Hals zu schaffen und als Altpapier dem Roten Kreuz zu spenden. Noch weigere ich mich, diesem Vorschlag zuzustimmen. Es widerstrebt mir, die Werke eines Künstlers wie ausgelesene Zeitungen dem gleichen Altpapierfond zu überlassen. Ich werde diese Seiten den in Frage kommenden Zeitschriften und Verlagen anbieten. Vielleicht habe ich Erfolg. Vielleicht findet sich ein Leserkreis, der meinen Ausführungen bis hierher gefolgt ist. Vielleicht habe ich des einen oder anderen Interesse an Adrians Kunst geweckt. Ich bin bereit, ihm ein Exemplar aus Adrians Gesamtwerk zu überlassen. Unkosten sind damit nicht verbunden. Es liegt mir nicht daran, aus Adrians Nachlaß einen persönlichen Nutzen zu ziehen. Wenn ich Sie nur um eines bitten dürfte: Legen Sie Rückporto bei.

Einmal um die Sonne und zurück

1

»Bruder Thomas, ich muß...«
Bruder Thomas nickte nur. Er war es gewohnt, daß Konrad mehrmals am Tag austreten mußte. Man hatte auch schon den Arzt konsultiert. Konrad klagte über Schmerzen beim Wasserlassen. Der Arzt tippte auf eine Harnröhrenentzündung und verschrieb allerlei Antibiotika. Konrad zertrat heimlich die Dragees zu Staub oder ließ sie im Ausguß verschwinden. Der Arzt war ratlos. Noch nie hatte er es mit so resistenten Bakterien zu tun gehabt.

Mindestens dreimal am Tag trat Konrad aus dem Glied und bat Bruder Thomas, austreten zu dürfen. Die Zöglinge hatten ihre Erzieher mit »Bruder« anzureden. Bruder Thomas stapfte mit Konrad zum Abort. Den hatten sich die Zöglinge selbst bauen dürfen. Bei mehr als hundert Jungens kam es öfters vor, daß der eine oder andere mal austreten mußte. Man hatte den Zöglingen erlaubt, in ihrer Freizeit eine Grube auszuheben und darüber aus ein paar Brettern unter fachmännischer Aufsicht von Bruder Christian einen Abort zu zimmern.

Der Abort befand sich fünfzig Meter weiter am Waldrand. Bruder Thomas und Konrad schritten die Reihe der Zöglinge ab. Von denen hatte keiner Harnröhrenentzündung. Wer mehr als einmal in der Woche während der Arbeit austreten wollte, war als Drückeberger verschrien. Wozu gab es eine Zigarettenpause? Wer über sechzehn war, durfte auch wirklich rauchen.

Ansonsten hatte man Torf zu stechen. Neidvolle Blicke begleiteten Konrad auf seinem Weg. Der eine oder andere der Zöglinge murmelte »Pißbübchen«, gerade laut

genug, daß es Konrad verstand und Bruder Thomas es guten Gewissens überhören konnte.
»Hast du immer noch diese Entzündung da?«
»Ja, Bruder Thomas«, antwortete Konrad.
»Aber sonst geht es dir gut?«
»Bestens, Bruder Thomas.«
»Siehst auch gut aus. Hast zugenommen, was?«
»Ja, Bruder Thomas.« Das war gelogen. Konrad hatte nicht zugenommen. Aber heute war er wirklich füllig. Konrad trug seine Jeans und ein T-Shirt und einen Pullover unter dem Blaumann. Es war strengstens verboten, während der Arbeit seine Privatkleidung zu tragen. Konrad fürchtete schon, Bruder Thomas könne Verdacht schöpfen. »Es ist das Essen«, meinte Konrad. »Ich war schon in vielen Heimen, aber nirgends war das Essen so gut wie hier, Bruder Thomas.«
»Freut mich, daß es dir bei uns schmeckt.«
Sie hatten den Abort erreicht. Bruder Thomas öffnete Konrad die Tür. »Also dann mach mal. Schlaf nicht ein dabei.«
»Es tut weh, Bruder Thomas. Jeder Tropfen tut weh.«
»Sei ein Mann! Beiß die Zähne zusammen!«
»Ich tu mein Bestes, Bruder Thomas.« Konrad betrat den Abort und schloß die Tür hinter sich. Sie ließ sich von innen nicht verriegeln. Das war auch nicht nötig. Schließlich stand Bruder Thomas vor ihr Wache und hielt ungebetene Besucher fern.
Konrad lüpfte nicht den Abortdeckel, sondern machte sich sogleich an der Rückwand zu schaffen. Gestern war Konrad der Durchbruch gelungen. Sein einziges Werkzeug war ein zurechtgebogener Löffel gewesen. Mit ihm hatte Konrad jedesmal, wenn er vorgab, austreten zu müssen, die zwei Bretter bearbeitet. Heute war es soweit. Mühelos ließen sie sich von der Rückwand lösen. Der Spalt war breit genug. Konrad schlüpfte hindurch.

2

Zwei Tage verbrachte Konrad im Wald. Konrad floh nicht zum erstenmal. Ihm war klar, daß es jetzt an der Autobahn von Bullen nur so wimmeln würde. Hier im Wald war er sicher. Konrad hatte vorgesorgt. In den Taschen seiner Jeans unter dem Blaumann steckten eine Tafel Schokolade, ein Buch und Papers und Tabak für noch fast sieben Zigaretten.

Fünf Zigaretten rauchte Konrad schon am ersten Tag. Als er sich zwischen den Fichten auf einem Stück Moos schlafen legte, war von der Schokolade nur noch eine Rippe übrig. Irgendwo knackte in der Dunkelheit ein Ast. Sicher ein Reh. Konrad konnte nicht einschlafen. Nicht daß er sich nachts allein im Wald fürchtete, es war das Gefühl der Freiheit, jetzt tun und lassen zu können, was immer man will, das jeden Gedanken an Schlaf vertrieb. Konrad besah sich die Sterne. Ein Lichtpunkt zog über ihm seine Bahn. Sicher ein Flugzeug. Konrad träumte. Er wäre gern Astronaut geworden. Konrad sah sich schon seinen Weg durch die Milchstraße bahnen. Aber er wußte, daß die *NASA* ihre bemannten Raumflüge vorerst eingestellt hatte.

Zum Frühstück genoß Konrad den Rest der Schokolade. Gegen Mittag hatte er auch den Tabak verbraucht. Nachmittags las Konrad das Buch, das er aus der Bibliothek mitgenommen hatte. Es enthielt die schönsten griechischen Heldensagen. Die Geschichte von Ikarus gefiel Konrad nicht. Da war was faul an der Story. Sicher waren technische Mängel an dem Absturz schuld gewesen. Ein Flügel hatte wahrscheinlich versagt. Und Dädalus schämte sich natürlich seiner Fehlkonstruktion und tischte darum nach geglückter Landung der Nachwelt das Märchen von dem übermütigen Sohn und der zu heißen Sonne auf.

Am dritten Tag ließ Konrad den verdreckten Blaumann unter einem Baum zurück und machte sich auf den Weg zur Autobahn. Konrad stellte sich an die Auffahrt und winkte mit dem Daumen. Es war noch früh am Morgen. Viele Berufstätige waren unterwegs. Einmal tauchten auch die Bullen auf. Konrad hatte den Streifenwagen schon von weitem bemerkt und verschwand im Unterholz. Die Bullen schienen keinen Verdacht geschöpft zu haben. Der Streifenwagen reihte sich in den Verkehr der Autobahn ein. Nach ein paar Minuten kam Konrad wieder aus seinem Versteck hervor.
Endlich hielt ein R4 und gab Konrad einen Lift in die nächste Stadt. Der Fahrer war schweigsam. Er hatte einen Kassettenrecorder im Wagen mit guten Tapes. *Cool, calm & collected,* sangen die Rolling Stones. Konrad genoß die Fahrt.
In einem Vorort gleich bei der Autobahn mußte Konrad aussteigen. Der Fahrer arbeitete hier in einem Elektrogeschäft. Konrad nahm einen Bus und fuhr in das Zentrum. In einem *McDonald's* aß er einen Hamburger und genehmigte sich anschließend gleich noch einen zweiten. Dann zählte Konrad sein Geld. Er hatte genau 7 Mark 42.
Konrad bummelte durch die Fußgängerzone. Ein Straßensänger klimperte auf seiner Gitarre. Konrad blieb stehen. Das war auch eine Möglichkeit, seine Brötchen zu verdienen. Die Sache hatte nur einen Haken. Konrad konnte nicht singen. Eigentlich konnte er überhaupt nichts. Torfstechen vielleicht.
Konrad betrat ein Kaufhaus und trieb sich in der Plattenabteilung herum. Schließlich wählte er ein Album von den Stones aus und ließ es sich vorspielen. Die Verkäuferin war nett. Sie spielte ihm auch *Beggar's Banquet* und *Sticky Fingers* vor. Dann mußte Konrad sich verkrümeln. Der Abteilungsleiter war mißtrauisch geworden.

Draußen auf der Straße dachte Konrad noch immer an das Mädchen aus der Plattenabteilung. Es war wirklich hübsch gewesen. Es hatte eine Stupsnase und einen ziemlich großen Busen gehabt. Warum hatte sich Konrad mit der Verkäuferin nicht verabredet? Er hätte sie abends nach Geschäftsschluß abholen können. Und dann vielleicht mit ihr tanzen gehen. Aber Konrad konnte sie nicht einladen. Und selbst wenn sie getrennte Kasse machen würden, Konrads Geld hätte höchstwahrscheinlich nicht mal für den Verzehrbon in einer Discothek gereicht. Ob das Mädchen wohl eine eigene Wohnung hatte? Das wäre was gewesen. Konrad mußte sich noch was zum Schlafen suchen. Er hatte von einer Kneipe gehört, in der man Leute anhauen konnte. Doch dafür war es noch zu früh. Konrad setzte sich auf einen Brunnenrand und sah den Mädchen nach.

3

Kurz vor zehn betrat Konrad die Kneipe. Es waren kaum Leute da. Konrad setzte sich an einen freien Tisch und bestellte ein Bier. Es kostete 2 Mark 10. Konrad mußte gleich bezahlen. Er hatte sich heute schon einen Beutel Tabak geleistet und außer den zwei Hamburgern noch eine große Portion Pommes frites gegessen. Jetzt besaß Konrad nur noch knapp drei Mark. Das genügte für das eine Bier.
Langsam füllte sich die Kneipe. Das Bier war längst warm. Konrad nippte nur gelegentlich daran. Es mußte den ganzen Abend reichen. Kurz nach zwölf setzte sich ein Typ mit grauem Filzhut Konrad gegenüber. Den Hut hatte er zurückgeschoben, so daß die Krempe die Augen nicht verdeckte. Der Typ war um die zwanzig und sah Konrad freundlich an: »Ist doch frei oder nicht?«

Konrad nickte nur. Sollte er den Typ anhauen? Vielleicht wußte der was zum Pennen. Da setzten sich noch zwei dazu, ein Junge und ein Mädchen. Er trug ein T-Shirt einer afrikanischen Universität. Sie hatte ihr Haar mit einem Stirnband zurückgebunden und sah ein bißchen aus wie eine Indianersquaw. Die beiden kannten den Typ mit dem Hut. Sie quatschten miteinander und bestellten Bier und Spaghetti. Die Portionen waren reichlich. Der Typ mit dem Hut schaffte seine nicht.
»Macht's dir was aus, wenn ich . . .?« fragte Konrad und deutete auf den Teller.
Der Typ schüttelte den Kopf. Er schob Konrad den Teller zu. Es waren Spaghetti Bolognese. Sie schmeckten wirklich gut. Der Typ drehte sich eine Zigarette und nahm sich dazu ein Paper von Konrad.
Konrad hatte gerade den Teller leergegessen, als die Bullen kamen. Sie waren zu zweit. Konrad wurde kreidebleich. Der Typ ihm gegenüber checkte sofort, daß was im Busch war. Er sah sich um. Die Bullen kontrollierten gerade am Eingang von einem den Ausweis.
Der Typ sah zurück zu Konrad. Der wich seinem Blick aus und stand auf. Konrad ging nach hinten zur Toilette. Gottseidank war das Scheißhaus frei. Konrad wollte sich gerade einsperren, als der Typ mit dem zurückgestülpten Hut die Toilette betrat. »'n Augenblick noch.«
»Was ist?« fragte Konrad.
»In Schwierigkeiten?«
Konrad nickte.
»Na, dann laß mich mal rein.«
Der Typ wartete keine Antwort ab. Er trat ein und schloß die Tür hinter sich. Konrad und er standen sich im Weg. Der Typ setzte sich auf die Schüssel und zog an seiner Zigarette. »Na, dann stell dich mal rechts an die Wand.«
Konrad bewegte sich einen Schritt in die falsche Richtung.

»Rechts von mir aus gesehen natürlich! Stell dich so hinter die Tür, daß keiner dich sehen kann, wenn sie aufgeht.«

Konrad gehorchte.

»Und jetzt steig auf das Rohr da!«

An der Seite der Toilette führte knapp über dem Fußboden ein Heizungsrohr vorbei. Konrad stellte sich darauf. Jetzt war er unsichtbar, falls einer auf die Idee kommen sollte, unter dem Türspalt hindurchzuspitzeln. Der Typ grinste Konrad zu und rauchte auf der Schüssel hockend seine Zigarette.

»Warum . . . ?« wollte Konrad fragen.

»Halt's Maul«, meinte der Typ.

Dann kamen auch schon die Bullen. Einer rüttelte an der Türklinke. »Raus! Aber dalli!«

»Was ist?« fragte der Typ auf der Schüssel mit schläfriger Stimme.

»Polizei! Ausweiskontrolle!«

»Ich kack aber gerade.«

»Dann mach mal Pause und komm raus.«

»Ist leicht gesagt.«

»Raus!«

»Ich schieb euch meinen Ausweis raus. Alles klar?«

»Na mach schon!«

Der Typ fischte seinen Personalausweis aus seinem Jackett und schob ihn unter dem Türspalt hindurch. Konrad balancierte auf dem Heizungsrohr. Der Typ nahm einen letzten Zug von der Zigarette und warf den Stummel in die Schüssel.

Draußen war wieder der Polizist zu hören. »Wir warten auf dich.«

»Ich bin noch nicht fertig.«

»Dann beeil dich.«

»Du hast gut reden.«

»Ich warn dich. Wir holen dich raus.«

»Ich komm ja schon.« Der Typ stand auf, öffnete seine Hose und zog die Spülung. Dann schob er den Riegel zurück. Die Tür ging auf. Konrad machte sich so dünn, wie er nur konnte. Der Typ nestelte an seinem Hosenfall herum, so als hätte er Schwierigkeiten, den Reißverschluß hochzuziehen. Einer der Polizisten hielt den aufgeschlagenen Personalausweis in der Hand und sah dem Typ in die Augen.
»Ist was?« fragte der Typ.
Der Polizist warf einen letzten Blick auf den Ausweis und gab ihn zurück. »Alles klar. Kannst weiterscheißen.«

4

Mit dem Meteoritenschwarm hatte Konrad nicht gerechnet. Dazu kamen noch die Magnetfelder. Die Situation war ganz schön heikel. Jetzt hing alles von Konrads fliegerischem Können ab. Konrad war Pilot einer Linienrakete im Weltall. Im Passagierraum erster Klasse saßen seine Eltern und auch das Mädchen aus der Plattenabteilung. Konrad hatte seinen Vater nie gesehen. In seinen Träumen ähnelte der Vater immer Mick Jagger.
In der zweiten Klasse saßen Bruder Thomas und all die Jungens aus dem Heim. Sie alle mußte Konrad an den Magnetfeldern vorbei durch den Meteoritenschwarm steuern. Das wäre noch zu schaffen gewesen, wenn Konrad nicht ausgerechnet jetzt diesen Drang verspürt hätte. Schon traf der erste Meteorit die Rakete. Konrad konnte es auf seinem Pilotensitz nicht länger aushalten. Er mußte pinkeln. Aber da war die Verantwortung. Konrad konnte seine Passagiere nicht führerlos durch das Weltall sausen lassen. Ein zweiter Meteorit schlug ein. Die Bordinstrumente fielen aus. Dann war es schon zu spät.

Konrad wachte auf. Er wußte sofort, er hatte ins Bett gemacht. Das war ihm schon seit Jahren nicht mehr passiert. Konrad schlug die Decke zurück und besah sich die Bescherung. Was war das überhaupt für ein Zimmer? Wem gehörte dieses Bett? Konrad schaute sich um. Das Fenster hatte keine Vorhänge. Draußen dämmerte es bereits. Außer einer alten Nähmaschine, die man noch mit einem Tretpedal in Bewegung bringen mußte, befand sich nicht viel im Zimmer. Über dem Bett hing ein Bild von einem kleinen Negerjungen, der sich in der Nase bohrte. Und auf dem verfilzten Berberteppich lagen ein paar Wäschestücke verstreut, darunter ein Slip, knapp geschnitten und von zartem Blau.

Das Zimmer mußte Brit gehören. Konrad erinnerte sich. So hieß das Mädchen mit dem Stirnband im Indianerlook. Der Junge mit dem Uni-T-Shirt war Dieter gewesen. Und der Typ, dem Konrad seine Freiheit verdankte, hatte Lino geheißen. Sie alle hatten in der Kneipe noch ein paar Biere getrunken und viel Spaß gehabt, vor allem wenn Lino hinter vorgehaltener Hand Brit und Dieter wieder mal erzählte, wie er die Bullen verarscht hatte.

Dann war Sperrstunde. Konrad konnte bei Lino und seinen Freunden pennen. Sie wohnten in einem heruntergekommenen Mietshaus im Osten der Stadt. In der Küche tranken sie noch zusammen ein Bier. Konrad erzählte, wie er den Brüdern entwischt war. Lino und Brit und Dieter mußten lachen. Mit einemmal wurde Konrad schlecht.

Er war den Alkohol nicht gewohnt gewesen. Konrad versuchte sich zu erinnern. Irgendwann muß er zur Toilette gewankt sein. Er hatte vor ihr gekniet und gereihert. Und was war danach passiert? Wie war Konrad in dieses Bett gekommen? Wer hatte ihm die Jeans ausgezogen? Hatte er das noch selbst geschafft? Wie sehr Konrad auch grübelte, ihm fiel nur dieser Traum mit den Magnetfeldern und unberechenbaren Meteoritenschwärmen wieder ein. Und als dann auch noch die Bordinstrumente ausfielen, da war es eben passiert.

Fest stand, daß Konrad in einem Bett lag, das wohl Brit gehörte. Duftete es nicht nach Mädchenhaut? Konrad schnupperte vergebens an dem Kopfkissen. Ihm war, als würde der ganze Raum nach seiner Schande riechen. Konrad mußte was unternehmen. Er stand auf und inspizierte das Bett. Auch die Matratze unter dem Laken war durchnäßt. Auf die Schnelle war da nichts zu machen. Konrad würde Farbe bekennen müssen. Brit wird ihn bestimmt zur Rede stellen. Was hatte Konrad zu seiner Entschuldigung vorzubringen? Er hatte in ihr Bett gemacht! Es gab nur einen Ausweg. Verduften, bevor die anderen aufwachten.

Im Kühlschrank waren noch etwas Salami und eine Tüte Milch. Konrad verschlang stehend ein paar Scheiben Wurst und trank die Hälfte der Milch. Auf dem Küchentisch lag ein fast volles Päckchen Tabak. Konrad steckte es ein. Dann schlich er sich auf den Flur. Aus den Zimmern war kein Laut zu hören. Die Wohnungstür war verschlossen. Lautlos schob Konrad den Riegel zurück. Da fiel sein Blick auf das Telefon. Möglich, daß Konrads Scham nicht ewig währte. Und wenn's dann mal wirklich hart auf hart kommen sollte, war's immer gut, zu wissen, wohin man sich wenden konnte. Konrad notierte sich die Nummer auf dem Tabaksbeutel. Dann machte er, daß er davonkam.

5

Als Konrad auf die Straße trat, kam gerade die Sonne hinter den Wolken hervor. Es würde ein schöner Tag werden. Konrad sah sich um. Er kannte sich in dieser

Gegend nicht aus. Ein wirklich hübsches Mädchen kam vorbei. Es war ganz in Orange gekleidet. Konrad ging dem Mädchen nach. Es verschwand in einem Hinterhof. Konrad ging weiter. An einer Bushaltestelle entdeckte er eine kleine Tafel mit dem Streckennetz der städtischen Verkehrsbetriebe. Konrad blieb stehen und orientierte sich. Da kam schon der Bus. Er fuhr ins Zentrum. Konrad zögerte nicht lange und stieg ein.
Sitzplätze waren noch genügend frei. Trotzdem blieb Konrad neben der Tür stehen. Man konnte nie wissen. Was wollte er überhaupt im Zentrum? Er könnte die Plattenverkäuferin besuchen. Konrad mußte an ihre Stupsnase und den großen Busen denken. Ob er es heute wagen würde, sie einzuladen? Konrad biß sich auf die Unterlippe. Es hatte keinen Sinn. Heute besaß er noch weniger als gestern. Ein paar Groschen vielleicht, bestimmt nicht mehr als eine Mark. Als erstes würde Konrad ein paar Leute anschnorren müssen. Sonst konnte er sich mittags nicht mal einen Hamburger leisten.
An der nächsten Haltestelle stieg ein junger Mann ein. Er trug ein kariertes Sakko und ein gestreiftes Hemd mit einer geblümten Krawatte. Konrad rückte ein wenig zur Seite. Aber der junge Mann wollte nicht vorbei, sondern blieb ebenfalls neben der Tür stehen. Als die endlich zu war und der Bus anfuhr, hielt der junge Mann Konrad einen Ausweis der städtischen Verkehrsbetriebe entgegen: »Fahrkartenkontrolle.«
Konrad gab sich nicht die Mühe, umständlich seine Taschen zu durchsuchen. »Ich hab keine.«
»Dann muß ich von Ihnen eine erhöhte Beförderungsgebühr von 40 Mark einkassieren.«
»Ich hab keine 40 Mark.«
Zum erstenmal sah der Kontrolleur Konrad in die Augen. »Hast du einen Ausweis?«
Konrad schüttelte den Kopf. »Ich heiße Heinz . . .«

»Du steigst mit mir an der nächsten Haltestelle aus.«
»Ich bin aber verabredet.«
Der Kontrolleur zuckte die Achseln.
»Meine Mutter wartet auf mich.«
»Dann wartet sie eben.«
Die meisten Fahrgäste hatten ihre Karten inzwischen hervorgesucht. Der Kontrolleur wollte sie nicht mehr sehen. Er blieb bei Konrad stehen. Sie schwiegen bis zur nächsten Haltestelle.
Die Tür klappte auf. Der Kontrolleur faßte Konrad am Arm. »Komm!«
Sie stiegen aus. Die Türen schnappten zu. Der Bus fuhr weiter. Konrad deutete in eine Richtung. »Da ist sie ja.«
»Wer?«
»Meine Mutter.«
Der Kontrolleur sah Konrad fragend an. »Bist du hier mit deiner Mutter . . .?«
»Ich hab doch gesagt, daß ich mit ihr verabredet bin!«
»Wo ist sie?« Konrad deutete auf eine Frau, die mit zwei Plastiktüten vor der Treppe einer Fußgängerunterführung stand. »Mammi!« schrie Konrad. Gleichzeitig rammte er seinen Ellbogen dem Kontrolleur in die Magengrube und rannte los. Der Kontrolleur krümmte sich vor Schmerz zusammen. Konrad lief die Treppe zur Fußgängerunterführung hinunter. Der Kontrolleur rannte keuchend hinterher. Konrad nahm drei Stufen auf einmal. Zwei Männer kamen ihm entgegen. »Haltet ihn!« rief der Kontrolleur außer Atem. Konrad wollte einen Haken schlagen. Einer der Männer machte einen schnellen Schritt zur Seite und streckte sein Bein aus. Konrad stolperte darüber. Der andere Mann kam hinzu und verpaßte Konrad einen Handkantenschlag aufs Genick.

6

Konrad stand am Fenster. Es gab nichts zu sehen. Nur das verkümmerte Bäumchen vor der Mauer. Doch wenn man die Augen zusammenkniff und sich etwas Mühe gab, dann ließ sich die abgebröckelte Fassade verzaubern. Dann tauchte auch mal eine einsame Insel hinter den Gittern auf, mit einer Palme, auf der sich zwei Affen um eine Kokosnuß balgten. Oder ein Turm, so schief, wie es ihn nur in Pisa geben konnte. Oder gar eine Rakete, kurz nach dem Start, die Erde hinter sich lassend, neuen Welten entgegen.
Konrad stand schon viel zu lange am Fenster. Das konnte nicht gutgehen. Wer sich in Träume verliert, ist am Ende selbst verloren. Konrad wußte aus Erfahrung Bescheid. Im Heim hatte er mal vier Wochen in der Arrestzelle gesessen. Konrad mußte was tun. Weder Vergangenheit noch Zukunft konnten ihm jetzt aus der Patsche helfen. Konrad begann Liegestütze zu machen. Zwanzig schaffte er spielend. Nach dem Dreißigsten kam er mit dem Zählen durcheinander. Nach dem Fünfzigsten brach er zusammen.
Er blieb auf dem grauen Linoleumboden liegen und verschnaufte. Seinen Körper fit halten, war das beste, was Konrad in seiner Lage tun konnte. Sicher bot sich bald wieder die Gelegenheit zur Flucht. Man müßte Karate können. Konrad wäre dann nicht durch einen simplen Handkantenschlag außer Gefecht zu setzen gewesen. Konrad stellte sich vor, wie Bruce Lee an seiner Stelle gehandelt hätte. Alles wäre anders verlaufen. Bruce Lee hätte aus den beiden Kleinholz gemacht.
Erst auf dem Polizeirevier war Konrad wieder zu sich gekommen. Nach der erkennungsdienstlichen Behandlung hatte man ihn in diese Zelle gebracht. Als man ihn das letztemal auf der Flucht geschnappt hatte, war noch

am selben Tag Bruder Thomas im anstaltseigenen VW gekommen und hatte Konrad abgeholt. Warum ließen sich die Brüder diesmal so viel Zeit? Schließlich hatte Konrad nichts ausgefressen. Na schön, er war schwarzgefahren. Was soll's? Kein Grund, ihn in den Knast zu stecken. Seit drei Tagen schon sah Konrad durch das vergitterte Fenster auf die Mauer. Der abgebröckelte Putz reizte zu Träumereien. Doch Konrad ließ sich nicht gehen. Wenn er wieder mal mit einer Rakete der Sonne entgegenflog, wußte er, daß es Zeit war für Liegestütze.
Ein Schlüssel war im Schloß zu hören. Das Abendessen war erst in gut zwei Stunden fällig. Konrad lag noch immer auf der Erde. Er rappelte sich hoch und setzte sich auf die Matratze. Obwohl er nichts Unrechtes getan hatte, fühlte Konrad sich ertappt. Er starrte auf die Zellenwand und las wohl zum hundertsten Mal: *Fixer-Alfie grüßt alle Giftler*.
Die Tür ging auf. Ein Mann betrat die Zelle. Er war höchstens dreißig und trug eine grüne Samtjacke und weite Flanellhosen und Cowboystiefel. Seine Augen waren klein und hinter einer randlosen Brille verborgen. Der Mann hob grüßend den Arm. »Hallo!«
Konrad antwortete nicht.
»Du bist der Konrad?«
Konrad nickte. Jetzt hieß es, auf der Hut zu sein. Der Mann sah nicht wie ein Bulle aus, auch nicht wie ein Pfaffe. Er könnte ein Psychologe sein. Jetzt kam alles darauf an, keinen Fehler zu machen. Es gab nicht viel, wovor Konrad Angst hatte. Vier Wochen Arrest saß er auf einer Arschbacke ab. Aus dem Heim kam er sowieso bald heraus. Er mußte nur erst achtzehn werden. Und wenn sie ihn in den Knast stecken sollten, auch der dauert nie ewig. Selbst mit lebenslänglich wird man nach zwanzig Jahren begnadigt. Nur die Psychofritzen kannten keine Gnade. Wen die erstmal für verrückt erklärt

haben, der hatte ausgeschissen. Und zwar lebenslang. Konrad wußte Bescheid. Seine Mutter war vor zwei Jahren in einer Nervenklinik gestorben.

»Darf ich mich zu dir setzen?« fragte der Mann.

Konrad nickte.

Der Mann setzte sich neben Konrad auf die Matratze. Konrad geriet in Panik. Er spürte, wie sich sein Körper verkrampfte. Konrad durfte sich nicht zu abweisend zeigen. Das war gefährlich. Aber andererseits, was sollte er sagen? Sich anzubiedern war noch viel schlimmer.

Der Mann lehnte sich auf der Matratze zurück, als säße er in einem Vorstadtkino in der ersten Reihe. »Ich heiße Gilbert.«

Konrad nickte.

Gilbert bot Konrad eine Zigarette an. Sie war mit Filter. Konrad nahm sie trotzdem. Er biß auch nicht den Filter ab. Sowas machte bestimmt keinen günstigen Eindruck auf einen Psychologen. Konrad ließ sich von Gilbert Feuer geben und bemühte sich, ganz natürlich zu erscheinen.

»Bekommst du hier nichts zu rauchen?«

Konrad schüttelte den Kopf. »Ich bin noch keine 16.«

»Stimmt. Aber du wirst es in zwei Wochen.«

Konrad nickte.

»Als ob's auf zwei Wochen ankommt. Bürokratenvolk!«

Gilbert warf Konrad die Zigarettenpackung zu. »Kannst du behalten.«

»Danke.«

»Kann ich sonst was für dich tun?«

Konrad wußte nicht, was er darauf antworten sollte.

»Du mußt es mir nur sagen.«

Konrad zögerte. Eine Frage hatte er auf dem Herzen.

»Warum ist noch keiner der Brüder gekommen?«

»Brüder?«

»Ja. Vom Landesjugendheim.«

Gilbert lachte. »Du meinst die Diakone. Hast du Sehnsucht nach ihnen?«
Konrad zuckte die Achseln.
»Wenn du mich fragst, das sind auch so Bürokratenheinis! Die sperren euch ein, bis ihr volljährig seid. Volljährig! Ich frag dich, was heißt schon volljährig?«
Konrad antwortete nicht und rauchte.
»Ich hab deine Akte gelesen. Viermal abgehauen. Einmal warst du sechs Wochen auf Trebe. Alle Achtung! Das bringt nicht jeder. Da muß einer schon was auf dem Kasten haben.«
»Mich bringt's von Mal zu Mal mehr in die Scheiße.«
»Weil das System eben Scheiße ist! Weil irgendwelche Bürokratenbrüder bestimmen, wer volljährig ist und wer nicht!«
»Können Sie . . .«
»Du kannst du zu mir sagen.«
Konrad zögerte. Doch ein angebotenes Du durfte nicht ausgeschlagen werden. Konrad sah Gilbert an. »Kannst du was dran ändern?«
»Vielleicht.«
»Wie?«
»Man hat einen Tabaksbeutel bei dir gefunden.«
»Was soll's?«
»Auf dem war eine Telefonnummer notiert.«
»Na und?«
Gilbert warf seine Zigarette auf den Boden und trat sie mit einem Cowboystiefelabsatz aus. »Du mußt dich ein bißchen kooperativ zeigen.«
»Kapier ich nicht.«
»Für mich bist du volljährig. Kapierst du das?«
Konrad schüttelte den Kopf. »Hab ich nichts davon. Da können zehn Psychologen antanzen und . . .«
»Ich bin kein Psychofritze. Ich komm vom Verfassungsschutz. Schon was davon gehört?«

Konrad nickte und drückte seine Zigarette am Gestell der Matratze aus.
»Ich kann dich hier rausholen. Du mußt nicht mehr zurück ins Heim. Du bist frei. Du kannst tun und lassen, was du willst. 100 Mark Taschengeld in der Woche. Du mußt nur beweisen, daß ich recht habe.«
»Womit?«
»Daß du volljährig bist. Daß du weißt, worauf's ankommt.«
Konrad verstand. »Was muß ich tun?«
»Ich hab dich nach einer Telefonnummer gefragt.«

7

Konrad hatte sich gegen die Musikbox gelehnt und trank sein viertes Bier. Er konnte es sich leisten. Er hatte die erste Rate von seinem Taschengeld gekriegt. Konrad fühlte sich prächtig. *It's only Rock'n'Roll but I like it,* sang Mick Jagger. Konrad wippte auf den Zehen mit. Ein zierliches Mädchen tanzte allein vor sich hin. Es gefiel Konrad. Gern hätte er es angesprochen. Fragte sich nur, wie. So einem Mädchen durfte man nicht auf die plumpe Tour kommen. Aber eine andere hatte er nie gelernt. Sein ganzes Wissen verdankte er den Angebereien seiner Zimmergenossen.
Die Musik war zu Ende. Das Mädchen lehnte sich gegen den Flipperautomaten. Konrad wollte es tanzen sehen. Er warf eine Mark in die Box und wählte die Stones. Das Mädchen ging fort und setzte sich zu einem Typ mit Latzhose an den Tisch. Konrad zündete sich eine Zigarette an und sah sich in der Kneipe um.
Schließlich war er nicht nur zum Vergnügen hier. Er mußte Lino oder Dieter oder Brit finden. Mit Brit würde es allerdings nicht ganz einfach werden. Sicher hatte sie

Konrad noch nicht verziehen, daß er in ihr Bett gemacht hatte. Weder Brit noch Dieter noch Lino ließen sich blikken. Konrad wurde langsam unruhig. Er war schon gestern abend hier gewesen. Einen von den dreien mußte Konrad finden. Viel stand auf dem Spiel. Seine Freiheit und 100 Mark Taschengeld die Woche.

Konrad trank sein Bier aus und ging zur Theke, sich ein neues zu holen. Der Typ hinter dem Zapfhahn kannte ihn bereits. Konrad mußte nicht mehr jedesmal gleich bezahlen. Zwei Mädchen standen im Weg. Konrad schob eines beiseite. »Noch 'n Bier!«

Der Typ hinter dem Zapfhahn nickte, füllte ein Glas ab und reichte es Konrad. Der Schaum lief über. Konrad setzte das Glas an die Lippen. Jemand rempelte ihn an. Konrad verschüttete sein Bier. Was für ein Arschloch machte sich hier wieder breit? Konrad sah sich wütend um. Es war das Mädchen, das ihm im Weg gestanden war. Konrad stutzte. Das Mädchen lächelte ihm zu. Es war Brit. Heute hatte sie kein Stirnband um und sah auch überhaupt nicht mehr indianisch aus. Kein Wunder, daß Konrad sie nicht von hinten erkannt hatte.

»Wie geht's?« fragte Brit.

Konrad zuckte hilflos die Achseln.

»Hast dich ja ganz gut eingelebt.«

Konrad wischte sich den Bierschaum von den Lippen. »Ist Lino auch da?«

Brit schüttelte den Kopf. »Ist in Berlin.«

»Und Dieter?«

»Auch.«

Ein paar Sekunden schwiegen sie. »Tut mir übrigens leid«, meinte Konrad schließlich.

»Was tut dir leid?«

Konrad nahm zuerst einen Schluck Bier. »Nun . . . das mit dem Bett.«

Brit lachte. »Längst vergessen. Sowas kommt vor.«

Konrad stand noch eine Weile herum. Brit unterhielt sich wieder mit dem Mädchen neben ihr. Konrad fühlte sich langsam fehl am Platz und ging mit seinem Bier zur Musikbox zurück. Er setzte sich auf den Flipperautomaten daneben und ließ die Beine baumeln.
Es sah nicht gut aus. Gilbert hatte Konrad eine Woche Zeit gegeben. Davon waren zwei Tage bereits verstrichen. Blieben noch fünf, das Vertrauen von Lino und seinen Freunden zu gewinnen. Aber Lino und Dieter waren in Berlin. Weiß der Teufel, wann die beiden zurückkommen würden. Blieb nur noch Brit. Und die zeigte sich zickig. Konrad hatte es ja gerade erlebt. Es war einfach nicht an sie heranzukommen. Aus mit der Freiheit! Auch auf das Taschengeld würde Konrad wohl verzichten müssen.
Das zierliche Mädchen tanzte wieder vor der Musikbox. Konrad beachtete es nicht. Er machte sich Vorwürfe. War er nicht forsch genug aufgetreten? Hier bin ich, hätte Konrad einfach sagen müssen, ich will wieder schlafen bei euch. Und dir das Bett vollmachen, fügte er in Gedanken hinzu. Konrad mußte sich damit abfinden! Er hatte versagt. Schlußausbasta! Er hatte seine Chance gehabt und sie nicht genutzt. Konrad trank sein Bier aus auf das Wohl der Verlierer. Seine Augen schmerzten. Konrad wischte sie sich mit dem Handrücken ab. Nein, das waren keine Tränen. Konrad hatte schon lange nicht mehr geweint. Und auch nie an einem Abend fünf Bier getrunken. Das war des Rätsels Lösung. Konrad war den Alkohol nicht gewohnt. Er bekam von ihm feuchte Augen.
»Was ist denn mit dir los?« Brit stand plötzlich vor Konrad.
»Nichts«, antwortete der tapfer und fühlte, wie sehr er rot im Gesicht wurde.
»Kummer?«

Konrad schüttelte verbissen den Kopf.
»Wo schläfst du?«
»Im Freien«, antwortete Konrad. Das war gelogen. Gilbert hatte für ihn ein Zimmer in einer Pension gemietet.
»Ist es nicht kalt?«
»Wir haben Sommer«, meinte Konrad.
»Trotzdem.« Brit lächelte Konrad zu. »Du kannst bei mir schlafen.«

8

Sie hatten sich zwei Kerzen angezündet. Konrad lag bäuchlings auf dem Bett. Er hatte gleich bemerkt, daß es frisch bezogen war. Das neue Laken unter der Tagesdecke hatte eine andere Farbe. Brit saß, ihre angewinkelten Beine umarmend, neben Konrad und hörte zu. Konrad war in gesprächiger Stimmung. Vielleicht war das Bier nicht ganz unschuldig daran. Konrad trank einen Schluck aus der Flasche. Er fühlte sich prächtiger denn je. Seine Augen glänzten im Kerzenlicht, während er in seinen Erinnerungen kramte und Brit erzählte, wie alles anfing.
Von seinem Vater gab's nicht viel zu erzählen. Mammi hatte Konrad mal ein Foto von ihm gezeigt. Konrad versuchte oft, sich an dieses Bild zu erinnern. Ihm war, als hätte sein Vater ein bißchen Ähnlichkeit mit Mick Jagger gehabt. Vielleicht bildete sich Konrad das auch nur ein. Doch an die Musik konnte er sich noch ganz genau erinnern. Oft war er nachts davon aufgewacht. Konrad mochte die wilden Rhythmen, die in das Kinderzimmer drangen. Es war vor allem eine Stimme, die ihn immer wieder lockte. Konrad stand dann auf und ging in Mammis Zimmer. Sie hatte meist Gäste. Viele waren bunt gekleidet. Der Duft von Räucherstäbchen erfüllte den

Raum. Konrad wurde in der Regel mit großem Hallo begrüßt. Immer fand sich einer, der mit ihm Hoppe-hoppe-Reiter spielte. Auch Mammi nahm ihn schließlich in die Arme und drückte ihn an ihre Brust. Nie mehr war Konrad so glücklich gewesen wie damals, als seine Mammi unter buntgekleideten Leuten hockte und ihn streichelnd wippte zu jener Musik.
Heute wußte Konrad, daß es die Stimme von Mick Jagger war, die ihn damals aus dem Kinderzimmer lockte. Mit der Zeit wachte Konrad immer seltener nachts auf. Es wurde keine Musik mehr gespielt. Die Gäste mit den schönen Kleidern blieben aus. Mammi nahm Konrad immer häufiger in die Arme und bat ihn, ja dem Hausmeister aus dem Weg zu gehen. Auch mit den Kindern auf der Straße durfte Konrad nicht mehr spielen. Mammi hatte ihre Gründe. Kleine Spione trieben sich in der Gegend herum und hatten nichts anderes im Sinn, als den kleinen Konrad über seine Mammi auszufragen.
Als sie ihm auch nicht mehr erlaubte, in die Schule zu gehen, wurde Mammi eines Tages von mehreren Männern abgeholt. Konrad kam in das Heim. Anfangs weinte er. Doch schon nach ein paar Jahren hatte er sich an sein neues Leben gewöhnt und machte auch nachts nicht mehr ins Bett. Mammi schickte ihm regelmäßig zum Geburtstag eine Glückwunschkarte. Als vor zwei Jahren Konrad erfuhr, daß Mammi gestorben war, hätte er zu ihrer Beerdigung fahren dürfen. Konrad ließ es bleiben. Ein paar Wochen später brach er zum erstenmal aus. Von seinen Fluchtversuchen wollte Konrad nicht mehr erzählen. Sie endeten alle gleich. Konrad wurde geschnappt.
»Diesmal nicht«, meinte Brit.
Konrad lachte. »Was nicht ist, kann noch werden.«
»Was hast du jetzt vor?«
»Als ich klein war, wollte ich Astronaut werden.«

»Du bist nicht mehr klein.«
»Revolutionär«, sagte Konrad.
»Was?«
»Jetzt will ich Revolutionär werden. *Street Fighting Man*.«
»Du spinnst.«
»Heut hab ich einen Zigarettenautomaten aufgebrochen. Wenn jeder jeden Automaten ausräumt, das ist doch schon ein Anfang – oder?«
Brit zuckte die Achseln. »Und wenn dir nachts die Zigaretten ausgehen – und es gibt keinen Automaten mehr?«
Konrad lachte. »Dann dreh ich sie mir halt wieder selber. Hast du keine Musik?«
»Leg auf, was du willst.«
Konrad blätterte den Stapel Platten durch. Er entschied sich für die dritte Seite von *Exile on Main Street*. Brit umarmte noch immer ihre Beine und rührte sich nicht. Konrad legte sich wieder zu ihr aufs Bett. Gemeinsam hörten sie der Musik zu. Konrad betrachtete Brit. Sie war schön. Er hätte sie gern geküßt. Ob er sie wenigstens berühren durfte? Konrad spürte, wie sein Herz schlug. Vorsichtig streckte er eine Hand aus. Jetzt hatte er gleich ihr Knie erreicht. Brit ergriff Konrads Hand. Ihre Finger umschmeichelten die seinen. »Ich werd langsam müde«, sagte Brit, »ich glaub, wir gehen jetzt schlafen.«
Brit stand auf und schob die Tagesdecke beiseite. Konrad mußte nochmal pinkeln. Als er wieder zurückkam, lag Brit schon im Bett. Konrad zog sich aus und schlüpfte zu ihr unter die Decke. Er wußte, wie er vorzugehen hatte. Seine Zimmergenossen hatten immer gesagt: Erstes Gebot, sich Zeit lassen. Man muß mit den Fingern unten so lange herumspielen, bis die Möse richtig schlüpfrig ist. Sonst brachte man sich angeblich um das halbe Vergnügen. Konrad bahnte sich mit den Fingern einen Weg zwischen die Schenkel. »Ich mag nicht bumsen«, sagte Brit.

Konrad zog seine Hand zurück. Er zündete sich eine Zigarette an. Das wichtigste war jetzt, sich die Enttäuschung nicht ansehen zu lassen. Brit nahm Konrad die Zigarette aus dem Mund und drückte sie aus. Dann legte sie ihren Arm um ihn. »Wir können uns streicheln, wenn du willst.«

9

»Und dann hast du sie gebumst?« fragte Gilbert.
Konrad nickte. Das war eine Lüge. Was soll's? Er hatte keine Lust, groß zu erklären, warum zwischen ihm und Brit nicht mehr gelaufen war. Sie hatten sich nur gestreichelt. Es war die schönste Nacht seines Lebens gewesen. Das würde ein Typ wie Gilbert, der im Grunde genommen doch nur ein Bulle war, nie verstehen können. »Klar hab ich sie mir vorgenommen«, bekräftigte Konrad. »Einmal von vorne und einmal von hinten, wie sich's gehört.«
Gilbert trug heute eine Brille wie Elton John und aß einen Toast »Hawai« mit Messer und Gabel. Konrad hatte einen Eisbecher »Copacabana« bestellt. Konrad und Gilbert saßen sich in der Fußgängerzone in einem Kaufhaus im vierten Stock in der Cafeteria gegenüber. Einmal aus dem Redefluß, wußte Konrad nicht mehr weiter. Er fühlte sich bei einer Lüge ertappt. Sicher erwartete Gilbert von ihm jetzt ein fachmännisches Urteil. Wie war Brit im Bett gewesen? Hatte sie was getaugt? Konrad versuchte, sich an die Angebereien seiner Zimmergenossen zu erinnern. Die hatten immer die richtigen Worte gefunden, was Weiber betraf. Konrad grübelte vergebens. Ihm fiel zu Brit nichts ein.
»Na schön«, meinte Gilbert. »Ihr habt also gebumst. Und was habt ihr geredet?«

»Nicht viel.«
Gilbert sah Konrad ungläubig an. »Du bist doch ein zivilisierter Junge. Du redest doch mit einem Mädchen, bevor du es bumst.«
»Ich hab ihr erzählt, warum ich Mick Jagger mag.«
»Habt ihr nie von Politik geredet?«
Konrad schüttelte den Kopf. »Aber ich kann mal versuchen, die Sprache darauf zu bringen.«
Gilbert winkte ab. »Jetzt nur nicht die Pferde scheu machen. Halt deine Augen offen. Das genügt uns vorerst vollkommen. Du siehst sie doch wieder?«
Konrad nickte.
»Und du kannst auch wieder bei ihr schlafen?«
»Klar doch.«
Gilbert hatte seinen Toast gegessen. Er lehnte sich auf seinem Stuhl zurück und wischte die Lippen mit der Serviette ab.
»Du hast gute Arbeit geleistet. Ich bin zufrieden mit dir.«
Konrad löffelte seinen Eisbecher aus. »Was ist mit meinem Taschengeld?«
»Was soll sein?«
»50 Mark. Die zweite Rate.«
Gilbert lächelte. »Ist frühestens morgen fällig.«
»Ob morgen, ob heute, was soll's. Seit wann bist du 'n Bürokrat?«
Gilbert mußte grinsen. »Bist du pleite?«
»Fast.« Konrad grinste zurück. »Wenn man so 'ne Mieze hat, will man auch mal was springen lassen.«
Gilbert gab Konrad zwei Zwanzigmarkscheine und einen Zehner. »Und wenn die Mieze fragt, woher die Scheine kommen, die du für sie springen läßt?«
»Erzähl ich ihr wieder, daß ich 'n Automaten aufgebrochen hab. Das hat ihr mächtig imponiert.« Konrad steckte das Geld ein.

»Na, dann sieh mal zu, daß du wenigstens ein paar Markstücke bei dir hast.«
»Klar. Ich laß die Scheine auf der Bank wechseln. Bin ich ein Profi oder nicht?« Konrad stand auf und winkte mit der Hand zum Abschied. »Dann bis übermorgen.«
Gilbert nickte. »Gleiche Zeit. Gleicher Ort. Und wenn was Wichtiges . . .«
Konrad war schon gegangen. Noch im selben Kaufhaus kaufte er sich einen Schlafsack und eine Landkarte.

10

Vereinzelt kamen Konrad Wanderer entgegen. Sie staunten über den jungen Mann, der so entschlossen mit einem Schlafsack unterm Arm immer tiefer in den Wald hinein schritt. Konrad fühlte sich prächtig. Er hätte gern gesungen. *Route 66* vielleicht. Doch auch hier, wo ihn keiner hören konnte, traute er sich nicht. Der Weg gabelte sich. Einer führte mehr nach Osten, der andere mehr nach Süden. Konrad orientierte sich an der Sonne, die immer noch im Westen unterging. Welcher Weg war jetzt der richtige? Konrad schlug die Landkarte auf. Keiner der auf den Wegweisern angegebenen Orte war auf ihr verzeichnet. Konrad wußte nicht, wie weit es noch zur Grenze war. Nur eins stand fest, er mußte sich südöstlich halten. Konrad hatte die Karte lange studiert. Im Südosten lag ein Naturschutzgebiet, das kaum besiedelt war und von dem ein Teil schon zu Österreich gehörte.
Konrad entschied sich weder für den östlichen noch den südlichen Weg, sondern durchbrach das Unterholz und ging durch den Wald gen Südosten. Wie hatten das nur die Indianer geschafft? So vorsichtig Konrad auch einen Fuß vor den anderen setzte, immer knackte ein Stück Holz. Konrad mußte aufpassen. Vielleicht hatte er die

Grenze bereits erreicht. Dann war mit Patrouillen zu rechnen. Doch wer weiß, vielleicht war Konrad auch schon längst in Österreich. Dann brauchte er sich nicht mehr wie eine Rothaut auf dem Schleichpfad zu benehmen. Vor dieser Grenze war Konrad nie bange gewesen. Schwieriger würde es am Brenner werden. Doch wenn er dann in Italien war, war das Schlimmste überstanden. Brit hatte beim Frühstück viel von Italien erzählt. Sie hatte dort vor Jahren mal in einer Landkommune gelebt. Es war die schönste Zeit ihres Lebens gewesen.

Konrad ertappte sich schon wieder dabei, wie er an Brit dachte. Lachhaft. Man könnte fast meinen, er wäre verliebt. Konrad stellte sich die Mädchen von Italien vor. Alle hatten sie eine rassige Figur. Die Sonne verschwand hinter den Bäumen. Konrad war müde. Er ließ sich auf einem Stück Moos nieder, aß eine Packung Dörrobst und drehte sich eine Zigarette. Dann wickelte er sich in seinen Schlafsack ein. Wieder standen die Sterne über den Bäumen. Kein Flugzeug zog diesmal seine Bahn.

Konrad schlief ein und sah zum erstenmal die Grenze. Man hatte den Wald gerodet. Der Todesstreifen war unüberwindbar. Männer mit Hunden patrouillierten unter meterhohen Stacheldrahtzäunen zwischen den Wachtürmen. Konrad war am Boden zerstört. Italien ade! Da betrat Mick Jagger die Lichtung. Er trug Flügel und schnallte ein zweites Paar Konrad wie einen Schulranzen auf den Rücken. Gemeinsam schwangen sie sich in die Lüfte. Mick Jagger segelte voraus. Die Mannschaft auf den Wachtürmen hob erzürnt ihre Speere. Konrad flog höher und höher. Jetzt konnte er auch Italien sehen. Mick Jagger fuchtelte mit den Armen und kam dabei gefährlich ins Trudeln. »Wohin, mein Sohn?« glaubte Konrad zu hören. Er schwang sich empor. »Einmal um die Sonne und zurück!«